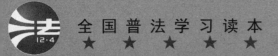

全国普法学习读本
★　★　★　★　★

U0508402

商标广告法律法规学习读本

商标专利法律法规

曾　朝　主编

加大全民普法力度，建设社会主义法治文化，树立宪法法律至上、法律面前人人平等的法治理念。

——中国共产党第十九次全国代表大会《决胜全面建成小康社会　夺取新时代中国特色社会主义伟大胜利》

汕頭大學出版社

图书在版编目（CIP）数据

商标专利法律法规／曾朝主编 . -- 汕头：汕头大学出版社，2023.4（重印）

（商标广告法律法规学习读本）

ISBN 978-7-5658-3318-2

Ⅰ．①商… Ⅱ．①曾… Ⅲ．①商标法-中国-学习参考资料②专利权法-中国-学习参考资料 Ⅳ. ①D923.404

中国版本图书馆 CIP 数据核字（2018）第 000667 号

商标专利法律法规　　SHANGBIAO ZHUANLI FALÜ FAGUI

主　　编：曾　朝	
责任编辑：汪艳蕾	
责任技编：黄东生	
封面设计：大华文苑	
出版发行：汕头大学出版社	
广东省汕头市大学路 243 号汕头大学校园内　　邮政编码：515063	
电　　话：0754-82904613	
印　　刷：三河市元兴印务有限公司	
开　　本：690mm×960mm 1/16	
印　　张：18	
字　　数：226 千字	
版　　次：2018 年 1 月第 1 版	
印　　次：2023 年 4 月第 2 次印刷	
定　　价：59.60 元（全 2 册）	

ISBN 978-7-5658-3318-2

前 言

习近平总书记指出："推进全民守法，必须着力增强全民法治观念。要坚持把全民普法和守法作为依法治国的长期基础性工作，采取有力措施加强法制宣传教育。要坚持法治教育从娃娃抓起，把法治教育纳入国民教育体系和精神文明创建内容，由易到难、循序渐进不断增强青少年的规则意识。要健全公民和组织守法信用记录，完善守法诚信褒奖机制和违法失信行为惩戒机制，形成守法光荣、违法可耻的社会氛围，使遵法守法成为全体人民共同追求和自觉行动。"

中共中央、国务院曾经转发了中央宣传部、司法部关于在公民中开展法治宣传教育的规划，并发出通知，要求各地区各部门结合实际认真贯彻执行。通知指出，全民普法和守法是依法治国的长期基础性工作。深入开展法治宣传教育，是全面建成小康社会和新农村的重要保障。

普法规划指出：各地区各部门要根据实际需要，从不同群体的特点出发，因地制宜开展有特色的法治宣传教育坚持集中法治宣传教育与经常性法治宣传教育相结合，深化法律进机关、进乡村、进社区、进学校、进企业、进单位的"法律六进"主题活动，完善工作标准，建立长效机制。

特别是农业、农村和农民问题，始终是关系党和人民事业发展的全局性和根本性问题。党中央、国务院发布的《关于推进社会主义新农村建设的若干意见》中明确提出要"加强农村法制建设，深入开展农村普法教育，增强农民的法制观念，提高农民依法行使权利和履行义务的自觉性。"多年普法实践证明，普及法律知识，提高法制观念，增强全社会依法办事意识具有重要作用。特别是在广大农村进行普法教育，是提高全民法律素质的需要。

多年来，我国在农村实行的改革开放取得了极大成功，农村发生了翻天覆地的变化，广大农民生活水平大大得到了提高。但是，由于历史和社会等原因，现阶段我国一些地区农民文化素质还不高，不学法、不懂法、不守法现象虽然较原来有所改变，但仍有相当一部分群众的法制观念仍很淡化，不懂、不愿借助法律来保护自身权益，这就极易受到不法的侵害，或极易进行违法犯罪活动，严重阻碍了全面建成小康社会和新农村步伐。

为此，根据党和政府的指示精神以及普法规划，特别是根据广大农村农民的现状，在有关部门和专家的指导下，特别编辑了这套《全国普法学习读本》。主要包括了广大人民群众应知应懂、实际实用的法律法规。为了辅导学习，附录还收入了相应法律法规的条例准则、实施细则、解读解答、案例分析等；同时为了突出法律法规的实际实用特点，兼顾地方性和特殊性，附录还收入了部分某些地方性法律法规以及非法律法规的政策文件、管理制度、应用表格等内容，拓展了本书的知识范围，使法律法规更"接地气"，便于读者学习掌握和实际应用。

在众多法律法规中，我们通过甄别，淘汰了废止的，精选了最新的、权威的和全面的。但有部分法律法规有些条款不适应当下情况了，却没有颁布新的，我们又不能擅自改动，只得保留原有条款，但附录却有相应的补充修改意见或通知等。众多法律法规根据不同内容和受众特点，经过归类组合，优化配套。整套普法读本非常全面系统，具有很强的学习性、实用性和指导性，非常适合用于广大农村和城乡普法学习教育与实践指导。总之，是全国全民普法的良好读本。

目　　录

中华人民共和国商标法

中华人民共和国商标法实施条例

中华人民共和国专利法

中华人民共和国专利法实施细则

目　录

中华人民共和国商标法

中华人民共和国主席令

第六号

《全国人民代表大会常务委员会关于修改〈中华人民共和国商标法〉的决定》已由中华人民共和国第十二届全国人民代表大会常务委员会第四次会议于 2013 年 8 月 30 日通过，现予公布，自 2014 年 5 月 1 日起施行。

中华人民共和国主席　习近平

2013 年 8 月 30 日

（1982 年 8 月 23 日第五届全国人民代表大会常务委员会第二十四次会议通过；根据 1993 年 2 月 22 日第七届全国人民代表大会常务委员会第三十次会议《关于修改〈中华人民共和国商标法〉的决定》第一次修正；根据 2001 年 10 月 27 日第九届全国人民代表大会常务委员会第二十四次会议《关于修改〈中华人民共和国商标法〉的决定》第二次修正；根据 2013 年 8 月 30 日第十二届全国人民代表大会常务委员会第四次会议《关于修改〈中华人民共和国商标法〉的决定》第三次修正）

第一章 总 则

第一条 为了加强商标管理，保护商标专用权，促使生产、经营者保证商品和服务质量，维护商标信誉，以保障消费者和生产、经营者的利益，促进社会主义市场经济的发展，特制定本法。

第二条 国务院工商行政管理部门商标局主管全国商标注册和管理的工作。

国务院工商行政管理部门设立商标评审委员会，负责处理商标争议事宜。

第三条 经商标局核准注册的商标为注册商标，包括商品商标、服务商标和集体商标、证明商标；商标注册人享有商标专用权，受法律保护。

本法所称集体商标，是指以团体、协会或者其他组织名义注册，供该组织成员在商事活动中使用，以表明使用者在该组织中的成员资格的标志。

本法所称证明商标，是指由对某种商品或者服务具有监督能力的组织所控制，而由该组织以外的单位或者个人使用于其商品或者服务，用以证明该商品或者服务的原产地、原料、制造方法、质量或者其他特定品质的标志。

集体商标、证明商标注册和管理的特殊事项，由国务院工商行政管理部门规定。

第四条 自然人、法人或者其他组织在生产经营活动中，对其商品或者服务需要取得商标专用权的，应当向商标局申请商标注册。

本法有关商品商标的规定，适用于服务商标。

第五条 两个以上的自然人、法人或者其他组织可以共同向商标局申请注册同一商标，共同享有和行使该商标专用权。

第六条 法律、行政法规规定必须使用注册商标的商品，必须申请商标注册，未经核准注册的，不得在市场销售。

第七条 申请注册和使用商标，应当遵循诚实信用原则。

商标使用人应当对其使用商标的商品质量负责。各级工商行政管理部门应当通过商标管理，制止欺骗消费者的行为。

第八条 任何能够将自然人、法人或者其他组织的商品与他人的商品区别开的标志，包括文字、图形、字母、数字、三维标志、颜色组合和声音等，以及上述要素的组合，均可以作为商标申请注册。

第九条 申请注册的商标，应当有显著特征，便于识别，并不得与他人在先取得的合法权利相冲突。

商标注册人有权标明"注册商标"或者注册标记。

第十条 下列标志不得作为商标使用：

（一）同中华人民共和国的国家名称、国旗、国徽、国歌、军旗、军徽、军歌、勋章等相同或者近似的，以及同中央国家机关的名称、标志、所在地特定地点的名称或者标志性建筑物的名称、图形相同的；

（二）同外国的国家名称、国旗、国徽、军旗等相同或者近似的，但经该国政府同意的除外；

（三）同政府间国际组织的名称、旗帜、徽记等相同或者近似的，但经该组织同意或者不易误导公众的除外；

（四）与表明实施控制、予以保证的官方标志、检验印记相同或者近似的，但经授权的除外；

（五）同"红十字"、"红新月"的名称、标志相同或者近似的；

（六）带有民族歧视性的；

（七）带有欺骗性，容易使公众对商品的质量等特点或者产地产生误认的；

（八）有害于社会主义道德风尚或者有其他不良影响的。

县级以上行政区划的地名或者公众知晓的外国地名，不得作为商标。但是，地名具有其他含义或者作为集体商标、证明商标组成部分的除外；已经注册的使用地名的商标继续有效。

第十一条 下列标志不得作为商标注册：

（一）仅有本商品的通用名称、图形、型号的；

（二）仅直接表示商品的质量、主要原料、功能、用途、重量、数量及其他特点的；

（三）其他缺乏显著特征的。

前款所列标志经过使用取得显著特征，并便于识别的，可以作为商标注册。

第十二条 以三维标志申请注册商标的，仅由商品自身的性质产生的形状、为获得技术效果而需有的商品形状或者使商品具有实质性价值的形状，不得注册。

第十三条 为相关公众所熟知的商标，持有人认为其权利受到侵害时，可以依照本法规定请求驰名商标保护。

就相同或者类似商品申请注册的商标是复制、摹仿或者翻译他人未在中国注册的驰名商标，容易导致混淆的，不予注册并禁止使用。

就不相同或者不相类似商品申请注册的商标是复制、摹仿或者翻译他人已经在中国注册的驰名商标，误导公众，致使该驰名商标注册人的利益可能受到损害的，不予注册并禁止使用。

第十四条 驰名商标应当根据当事人的请求，作为处理涉及商标案件需要认定的事实进行认定。认定驰名商标应当考虑下列因素：

（一）相关公众对该商标的知晓程度；

（二）该商标使用的持续时间；

（三）该商标的任何宣传工作的持续时间、程度和地理范围；

（四）该商标作为驰名商标受保护的记录；

（五）该商标驰名的其他因素。

在商标注册审查、工商行政管理部门查处商标违法案件过程中，当事人依照本法第十三条规定主张权利的，商标局根据审查、处理案件的需要，可以对商标驰名情况作出认定。

在商标争议处理过程中，当事人依照本法第十三条规定主张权利的，商标评审委员会根据处理案件的需要，可以对商标驰名情况作出认定。

在商标民事、行政案件审理过程中，当事人依照本法第十三条规定主张权利的，最高人民法院指定的人民法院根据审理案件的需要，可以对商标驰名情况作出认定。

生产、经营者不得将"驰名商标"字样用于商品、商品包装或者容器上，或者用于广告宣传、展览以及其他商业活动中。

第十五条 未经授权，代理人或者代表人以自己的名义将被代理人或者被代表人的商标进行注册，被代理人或者被代表人提出异议的，不予注册并禁止使用。

就同一种商品或者类似商品申请注册的商标与他人在先使用的未注册商标相同或者近似，申请人与该他人具有前款规定以外的合同、业务往来关系或者其他关系而明知该他人商标存在，该他人提出异议的，不予注册。

第十六条 商标中有商品的地理标志，而该商品并非来源于该标志所标示的地区，误导公众的，不予注册并禁止使用；但是，已经善意取得注册的继续有效。

前款所称地理标志，是指标示某商品来源于某地区，该商品的特定质量、信誉或者其他特征，主要由该地区的自然因素或者人文因素所决定的标志。

第十七条 外国人或者外国企业在中国申请商标注册的，应当按其所属国和中华人民共和国签订的协议或者共同参加的国际条约办理，或者按对等原则办理。

第十八条 申请商标注册或者办理其他商标事宜，可以自行办理，也可以委托依法设立的商标代理机构办理。

外国人或者外国企业在中国申请商标注册和办理其他商标事宜的，应当委托依法设立的商标代理机构办理。

第十九条 商标代理机构应当遵循诚实信用原则，遵守法律、行政法规，按照被代理人的委托办理商标注册申请或者其他商标事宜；对在代理过程中知悉的被代理人的商业秘密，负有保密义务。

委托人申请注册的商标可能存在本法规定不得注册情形的，商标代理机构应当明确告知委托人。

商标代理机构知道或者应当知道委托人申请注册的商标属于本法第十五条和第三十二条规定情形的，不得接受其委托。

商标代理机构除对其代理服务申请商标注册外，不得申请注册其他商标。

第二十条　商标代理行业组织应当按照章程规定，严格执行吸纳会员的条件，对违反行业自律规范的会员实行惩戒。商标代理行业组织对其吸纳的会员和对会员的惩戒情况，应当及时向社会公布。

第二十一条　商标国际注册遵循中华人民共和国缔结或者参加的有关国际条约确立的制度，具体办法由国务院规定。

第二章　商标注册的申请

第二十二条　商标注册申请人应当按规定的商品分类表填报使用商标的商品类别和商品名称，提出注册申请。

商标注册申请人可以通过一份申请就多个类别的商品申请注册同一商标。

商标注册申请等有关文件，可以以书面方式或者数据电文方式提出。

第二十三条　注册商标需要在核定使用范围之外的商品上取得商标专用权的，应当另行提出注册申请。

第二十四条　注册商标需要改变其标志的，应当重新提出注册申请。

第二十五条　商标注册申请人自其商标在外国第一次提出商标注册申请之日起六个月内，又在中国就相同商品以同一商标提出商标注册申请的，依照该外国同中国签订的协议或者共同参加的国际条约，或者按照相互承认优先权的原则，可以享有优先权。

依照前款要求优先权的，应当在提出商标注册申请的时候提出书面声明，并且在三个月内提交第一次提出的商标注册申请文件的副本；未提出书面声明或者逾期未提交商标注册申请文件副本的，视为未要求优先权。

第二十六条　商标在中国政府主办的或者承认的国际展览会展出的商品上首次使用的，自该商品展出之日起六个月内，该商标的注册申请人可以享有优先权。

依照前款要求优先权的，应当在提出商标注册申请的时候提出书面声明，并且在三个月内提交展出其商品的展览会名称、在展出商品上使用该商标的证据、展出日期等证明文件；未提出书面声明或者逾期未提交证明文件的，视为未要求优先权。

第二十七条 为申请商标注册所申报的事项和所提供的材料应当真实、准确、完整。

第三章 商标注册的审查和核准

第二十八条 对申请注册的商标，商标局应当自收到商标注册申请文件之日起九个月内审查完毕，符合本法有关规定的，予以初步审定公告。

第二十九条 在审查过程中，商标局认为商标注册申请内容需要说明或者修正的，可以要求申请人做出说明或者修正。申请人未做出说明或者修正的，不影响商标局做出审查决定。

第三十条 申请注册的商标，凡不符合本法有关规定或者同他人在同一种商品或者类似商品上已经注册的或者初步审定的商标相同或者近似的，由商标局驳回申请，不予公告。

第三十一条 两个或者两个以上的商标注册申请人，在同一种商品或者类似商品上，以相同或者近似的商标申请注册的，初步审定并公告申请在先的商标；同一天申请的，初步审定并公告使用在先的商标，驳回其他人的申请，不予公告。

第三十二条 申请商标注册不得损害他人现有的在先权利，也不得以不正当手段抢先注册他人已经使用并有一定影响的商标。

第三十三条 对初步审定公告的商标，自公告之日起三个月内，在先权利人、利害关系人认为违反本法第十三条第二款和第三款、第十五条、第十六条第一款、第三十条、第三十一条、第三十二条规定的，或者任何人认为违反本法第十条、第十一条、第十二条规定的，可以向商标局提出异议。公告期满无异议的，予以核准注册，发给商标注册证，并予公告。

第三十四条 对驳回申请、不予公告的商标，商标局应当书面通知商标注册申请人。商标注册申请人不服的，可以自收到通知之日起十五日内向商标评审委员会申请复审。商标评审委员会应当自收到申请之日起九个月内做出决定，并书面通知申请人。有特殊情况需要延长的，经国务院工商行政管理部门批准，可以延长三个月。当事人对商标评审委员会的决定不服的，可以自收到通知之日起三十日内向人民法院起诉。

第三十五条 对初步审定公告的商标提出异议的，商标局应当听取异议人和被异议人陈述事实和理由，经调查核实后，自公告期满之日起十二个月内做出是否准予注册的决定，并书面通知异议人和被异议人。有特殊情况需要延长的，经国务院工商行政管理部门批准，可以延长六个月。

商标局做出准予注册决定的，发给商标注册证，并予公告。异议人不服的，可以依照本法第四十四条、第四十五条的规定向商标评审委员会请求宣告该注册商标无效。

商标局做出不予注册决定，被异议人不服的，可以自收到通知之日起十五日内向商标评审委员会申请复审。商标评审委员会应当自收到申请之日起十二个月内做出复审决定，并书面通知异议人和被异议人。有特殊情况需要延长的，经国务院工商行政管理部门批准，可以延长六个月。被异议人对商标评审委员会的决定不服的，可以自收到通知之日起三十日内向人民法院起诉。人民法院应当通知异议人作为第三人参加诉讼。

商标评审委员会在依照前款规定进行复审的过程中，所涉及的在先权利的确定必须以人民法院正在审理或者行政机关正在处理的另一案件的结果为依据的，可以中止审查。中止原因消除后，应当恢复审查程序。

第三十六条 法定期限届满，当事人对商标局做出的驳回申请决定、不予注册决定不申请复审或者对商标评审委员会做出的复审决定不向人民法院起诉的，驳回申请决定、不予注册决定或者复审决定生效。

经审查异议不成立而准予注册的商标，商标注册申请人取得商标专用权的时间自初步审定公告三个月期满之日起计算。自该商标公告期满之日起至准予注册决定做出前，对他人在同一种或者类似商品上使用与该商标相同或者近似的标志的行为不具有追溯力；但是，因该使用人的恶意给商标注册人造成的损失，应当给予赔偿。

第三十七条 对商标注册申请和商标复审申请应当及时进行审查。

第三十八条 商标注册申请人或者注册人发现商标申请文件或者注册文件有明显错误的，可以申请更正。商标局依法在其职权范围内作出更正，并通知当事人。

前款所称更正错误不涉及商标申请文件或者注册文件的实质性内容。

第四章　注册商标的续展、变更、转让和使用许可

第三十九条 注册商标的有效期为十年，自核准注册之日起计算。

第四十条 注册商标有效期满，需要继续使用的，商标注册人应当在期满前十二个月内按照规定办理续展手续；在此期间未能办理的，可以给予六个月的宽展期。每次续展注册的有效期为十年，自该商标上一届有效期满次日起计算。期满未办理续展手续的，注销其注册商标。

商标局应当对续展注册的商标予以公告。

第四十一条 注册商标需要变更注册人的名义、地址或者其他注册事项的，应当提出变更申请。

第四十二条 转让注册商标的，转让人和受让人应当签订转让协议，并共同向商标局提出申请。受让人应当保证使用该注册商标的商品质量。

转让注册商标的，商标注册人对其在同一种商品上注册的近似的商标，或者在类似商品上注册的相同或者近似的商标，应当一并转让。

对容易导致混淆或者有其他不良影响的转让，商标局不予核准，书面通知申请人并说明理由。

转让注册商标经核准后，予以公告。受让人自公告之日起享有商标专用权。

第四十三条 商标注册人可以通过签订商标使用许可合同，许可他人使用其注册商标。许可人应当监督被许可人使用其注册商标的商品质量。被许可人应当保证使用该注册商标的商品质量。

经许可使用他人注册商标的，必须在使用该注册商标的商品上标明被许可人的名称和商品产地。

许可他人使用其注册商标的，许可人应当将其商标使用许可报商标局备案，由商标局公告。商标使用许可未经备案不得对抗善意第三人。

第五章 注册商标的无效宣告

第四十四条 已经注册的商标，违反本法第十条、第十一条、第十二条规定的，或者是以欺骗手段或者其他不正当手段取得注册的，由商标局宣告该注册商标无效；其他单位或者个人可以请求商标评审委员会宣告该注册商标无效。

商标局做出宣告注册商标无效的决定，应当书面通知当事人。当事人对商标局的决定不服的，可以自收到通知之日起十五日内向商标评审委员会申请复审。商标评审委员会应当自收到申请之日起九个月内做出决定，并书面通知当事人。有特殊情况需要延长的，经国务院工商行政管理部门批准，可以延长三个月。当事人对商标评审委员会的决定不服的，可以自收到通知之日起三十日内向人民法院起诉。

其他单位或者个人请求商标评审委员会宣告注册商标无效的，商标评审委员会收到申请后，应当书面通知有关当事人，并限期提出答辩。商标评审委员会应当自收到申请之日起九个月内做出维持注册商标或者宣告注册商标无效的裁定，并书面通知当事人。有特殊情况需要延长的，经国务院工商行政管理部门批准，可以延长三个月。当事人对商标评审委员会的裁定不服的，可以自收到通知之日起三十日内向人民法院起诉。人民法院应当通知商标裁定程序的对方当事人作为第三人参加诉讼。

第四十五条 已经注册的商标，违反本法第十三条第二款和第三款、第十五条、第十六条第一款、第三十条、第三十一条、第三十二条规定的，自商标注册之日起五年内，在先权利人或者利害关系人可以请求商标评审委员会宣告该注册商标无效。对恶意注册的，驰名商标所有人不受五年的时间限制。

商标评审委员会收到宣告注册商标无效的申请后，应当书面通知有关当事人，并限期提出答辩。商标评审委员会应当自收到申请之日起十二个月内做出维持注册商标或者宣告注册商标无效的裁定，并书面通知当事人。有特殊情况需要延长的，经国务院工商行政管理部门批准，可以延长六个月。当事人对商标评审委员会的裁定不服的，可以自收到通知之日起三十日内向人民法院起诉。人民法院应当通知商标裁定程序的对方当事人作为第三人参加诉讼。

商标评审委员会在依照前款规定对无效宣告请求进行审查的过程中，所涉及的在先权利的确定必须以人民法院正在审理或者行政机关正在处理的另一案件的结果为依据的，可以中止审查。中止原因消除后，应当恢复审查程序。

第四十六条 法定期限届满，当事人对商标局宣告注册商标无效的决定不申请复审或者对商标评审委员会的复审决定、维持注册商标或者宣告注册商标无效的裁定不向人民法院起诉的，商标局的决定或者商标评审委员会的复审决定、裁定生效。

第四十七条 依照本法第四十四条、第四十五条的规定宣告无效的注册商标，由商标局予以公告，该注册商标专用权视为自始即不存在。

宣告注册商标无效的决定或者裁定，对宣告无效前人民法院做出并已执行的商标侵权案件的判决、裁定、调解书和工商行政管理部门做出并已执行的商标侵权案件的处理决定以及已经履行的商标转让或者使用许可合同不具有追溯力。但是，因商标注册人的恶意给他人造成的损失，应当给予赔偿。

依照前款规定不返还商标侵权赔偿金、商标转让费、商标使用费，明显违反公平原则的，应当全部或者部分返还。

第六章　商标使用的管理

第四十八条　本法所称商标的使用，是指将商标用于商品、商品包装或者容器以及商品交易文书上，或者将商标用于广告宣传、展览以及其他商业活动中，用于识别商品来源的行为。

第四十九条　商标注册人在使用注册商标的过程中，自行改变注册商标、注册人名义、地址或者其他注册事项的，由地方工商行政管理部门责令限期改正；期满不改正的，由商标局撤销其注册商标。

注册商标成为其核定使用的商品的通用名称或者没有正当理由连续三年不使用的，任何单位或者个人可以向商标局申请撤销该注册商标。商标局应当自收到申请之日起九个月内做出决定。有特殊情况需要延长的，经国务院工商行政管理部门批准，可以延长三个月。

第五十条　注册商标被撤销、被宣告无效或者期满不再续展的，自撤销、宣告无效或者注销之日起一年内，商标局对与该商标相同或者近似的商标注册申请，不予核准。

第五十一条　违反本法第六条规定的，由地方工商行政管理部门责令限期申请注册，违法经营额五万元以上的，可以处违法经营额百分之二十以下的罚款，没有违法经营额或者违法经营额不足五万元的，可以处一万元以下的罚款。

第五十二条　将未注册商标冒充注册商标使用的，或者使用未注册商标违反本法第十条规定的，由地方工商行政管理部门予以制止，限期改正，并可以予以通报，违法经营额五万元以上的，可以处违法经营额百分之二十以下的罚款，没有违法经营额或者违法经营额不足五万元的，可以处一万元以下的罚款。

第五十三条　违反本法第十四条第五款规定的，由地方工商行政管理部门责令改正，处十万元罚款。

第五十四条　对商标局撤销或者不予撤销注册商标的决定，当事人不服的，可以自收到通知之日起十五日内向商标评审委员会申请复审。商标评审委员会应当自收到申请之日起九个月内做出决定，并书面通知当事人。有特殊情况需要延长的，经国务院工商行政管理部门批准，可以延长三个月。当事人对商标评审委员会的决定不服的，可以自收到通知之日起三十日内向人民法院起诉。

第五十五条　法定期限届满，当事人对商标局做出的撤销注册商标的决定不申请复审或者对商标评审委员会做出的复审决定不向人民法院起诉的，撤销注册商标的决定、复审决定生效。

被撤销的注册商标，由商标局予以公告，该注册商标专用权自公告之日起终止。

第七章　注册商标专用权的保护

第五十六条　注册商标的专用权，以核准注册的商标和核定使用的商品为限。

第五十七条　有下列行为之一的，均属侵犯注册商标专用权：

（一）未经商标注册人的许可，在同一种商品上使用与其注册商标相同的商标的；

（二）未经商标注册人的许可，在同一种商品上使用与其注册商标近似的商标，或者在类似商品上使用与其注册商标相同或者近似的商标，容易导致混淆的；

（三）销售侵犯注册商标专用权的商品的；

（四）伪造、擅自制造他人注册商标标识或者销售伪造、擅自制造的注册商标标识的；

（五）未经商标注册人同意，更换其注册商标并将该更换商标的商品又投入市场的；

（六）故意为侵犯他人商标专用权行为提供便利条件，帮助他人实施侵犯商标专用权行为的；

（七）给他人的注册商标专用权造成其他损害的。

第五十八条　将他人注册商标、未注册的驰名商标作为企业名称中的字号使用，误导公众，构成不正当竞争行为的，依照《中华人民共和国反不正当竞争法》处理。

第五十九条 注册商标中含有的本商品的通用名称、图形、型号，或者直接表示商品的质量、主要原料、功能、用途、重量、数量及其他特点，或者含有的地名，注册商标专用权人无权禁止他人正当使用。

三维标志注册商标中含有的商品自身的性质产生的形状、为获得技术效果而需有的商品形状或者使商品具有实质性价值的形状，注册商标专用权人无权禁止他人正当使用。

商标注册人申请商标注册前，他人已经在同一种商品或者类似商品上先于商标注册人使用与注册商标相同或者近似并有一定影响的商标的，注册商标专用权人无权禁止该使用人在原使用范围内继续使用该商标，但可以要求其附加适当区别标识。

第六十条 有本法第五十七条所列侵犯注册商标专用权行为之一，引起纠纷的，由当事人协商解决；不愿协商或者协商不成的，商标注册人或者利害关系人可以向人民法院起诉，也可以请求工商行政管理部门处理。

工商行政管理部门处理时，认定侵权行为成立的，责令立即停止侵权行为，没收、销毁侵权商品和主要用于制造侵权商品、伪造注册商标标识的工具，违法经营额五万元以上的，可以处违法经营额五倍以下的罚款，没有违法经营额或者违法经营额不足五万元的，可以处二十五万元以下的罚款。对五年内实施两次以上商标侵权行为或者有其他严重情节的，应当从重处罚。销售不知道是侵犯注册商标专用权的商品，能证明该商品是自己合法取得并说明提供者的，由工商行政管理部门责令停止销售。

对侵犯商标专用权的赔偿数额的争议，当事人可以请求进行处理的工商行政管理部门调解，也可以依照《中华人民共和国民事诉讼法》向人民法院起诉。经工商行政管理部门调解，当事人未达成协议或者调解书生效后不履行的，当事人可以依照《中华人民共和国民事诉讼法》向人民法院起诉。

第六十一条 对侵犯注册商标专用权的行为，工商行政管理部门有权依法查处；涉嫌犯罪的，应当及时移送司法机关依法处理。

第六十二条 县级以上工商行政管理部门根据已经取得的违法嫌

疑证据或者举报，对涉嫌侵犯他人注册商标专用权的行为进行查处时，可以行使下列职权：

（一）询问有关当事人，调查与侵犯他人注册商标专用权有关的情况；

（二）查阅、复制当事人与侵权活动有关的合同、发票、账簿以及其他有关资料；

（三）对当事人涉嫌从事侵犯他人注册商标专用权活动的场所实施现场检查；

（四）检查与侵权活动有关的物品；对有证据证明是侵犯他人注册商标专用权的物品，可以查封或者扣押。

工商行政管理部门依法行使前款规定的职权时，当事人应当予以协助、配合，不得拒绝、阻挠。

在查处商标侵权案件过程中，对商标权属存在争议或者权利人同时向人民法院提起商标侵权诉讼的，工商行政管理部门可以中止案件的查处。中止原因消除后，应当恢复或者终结案件查处程序。

第六十三条　侵犯商标专用权的赔偿数额，按照权利人因被侵权所受到的实际损失确定；实际损失难以确定的，可以按照侵权人因侵权所获得的利益确定；权利人的损失或者侵权人获得的利益难以确定的，参照该商标许可使用费的倍数合理确定。对恶意侵犯商标专用权，情节严重的，可以在按照上述方法确定数额的一倍以上三倍以下确定赔偿数额。赔偿数额应当包括权利人为制止侵权行为所支付的合理开支。

人民法院为确定赔偿数额，在权利人已经尽力举证，而与侵权行为相关的账簿、资料主要由侵权人掌握的情况下，可以责令侵权人提供与侵权行为相关的账簿、资料；侵权人不提供或者提供虚假的账簿、资料的，人民法院可以参考权利人的主张和提供的证据判定赔偿数额。

权利人因被侵权所受到的实际损失、侵权人因侵权所获得的利益、注册商标许可使用费难以确定的，由人民法院根据侵权行为的情节判决给予三百万元以下的赔偿。

第六十四条　注册商标专用权人请求赔偿，被控侵权人以注册商标专用权人未使用注册商标提出抗辩的，人民法院可以要求注册商标专用权人提供此前三年内实际使用该注册商标的证据。注册商标专用权人不能证明此前三年内实际使用过该注册商标，也不能证明因侵权行为受到其他损失的，被控侵权人不承担赔偿责任。

销售不知道是侵犯注册商标专用权的商品，能证明该商品是自己合法取得并说明提供者的，不承担赔偿责任。

第六十五条 商标注册人或者利害关系人有证据证明他人正在实施或者即将实施侵犯其注册商标专用权的行为，如不及时制止将会使其合法权益受到难以弥补的损害的，可以依法在起诉前向人民法院申请采取责令停止有关行为和财产保全的措施。

第六十六条 为制止侵权行为，在证据可能灭失或者以后难以取得的情况下，商标注册人或者利害关系人可以依法在起诉前向人民法院申请保全证据。

第六十七条 未经商标注册人许可，在同一种商品上使用与其注册商标相同的商标，构成犯罪的，除赔偿被侵权人的损失外，依法追究刑事责任。

伪造、擅自制造他人注册商标标识或者销售伪造、擅自制造的注册商标标识，构成犯罪的，除赔偿被侵权人的损失外，依法追究刑事责任。

销售明知是假冒注册商标的商品，构成犯罪的，除赔偿被侵权人的损失外，依法追究刑事责任。

第六十八条 商标代理机构有下列行为之一的，由工商行政管理部门责令限期改正，给予警告，处一万元以上十万元以下的罚款；对直接负责的主管人员和其他直接责任人员给予警告，处五千元以上五万元以下的罚款；构成犯罪的，依法追究刑事责任：

（一）办理商标事宜过程中，伪造、变造或者使用伪造、变造的法律文件、印章、签名的；

（二）以诋毁其他商标代理机构等手段招徕商标代理业务或者以其他不正当手段扰乱商标代理市场秩序的；

（三）违反本法第十九条第三款、第四款规定的。

商标代理机构有前款规定行为的，由工商行政管理部门记入信用档案；情节严重的，商标局、商标评审委员会并可以决定停止受理其办理商标代理业务，予以公告。

商标代理机构违反诚实信用原则，侵害委托人合法利益的，应当依法承担民事责任，并由商标代理行业组织按照章程规定予以惩戒。

第六十九条 从事商标注册、管理和复审工作的国家机关工作人员必须秉公执法，廉洁自律，忠于职守，文明服务。

商标局、商标评审委员会以及从事商标注册、管理和复审工作的国家机关工作人员不得从事商标代理业务和商品生产经营活动。

第七十条 工商行政管理部门应当建立健全内部监督制度，对负责商标注册、管理和复审工作的国家机关工作人员执行法律、行政法规和遵守纪律的情况，进行监督检查。

第七十一条 从事商标注册、管理和复审工作的国家机关工作人员玩忽职守、滥用职权、徇私舞弊，违法办理商标注册、管理和复审事项，收受当事人财物，牟取不正当利益，构成犯罪的，依法追究刑事责任；尚不构成犯罪的，依法给予处分。

第八章 附 则

第七十二条 申请商标注册和办理其他商标事宜的，应当缴纳费用，具体收费标准另定。

第七十三条 本法自 1983 年 3 月 1 日起施行。1963 年 4 月 10 日国务院公布的《商标管理条例》同时废止；其他有关商标管理的规定，凡与本法抵触的，同时失效。

本法施行前已经注册的商标继续有效。

中华人民共和国商标法实施条例

中华人民共和国国务院令

第 651 号

现公布修订后的《中华人民共和国商标法实施条例》，自 2014 年 5 月 1 日起施行。

总理 李克强

2014 年 4 月 29 日

（2002 年 8 月 3 日中华人民共和国国务院令第 358 号公布；根据 2014 年 4 月 29 日中华人民共和国国务院令第 651 号修订）

第一章 总 则

第一条 根据《中华人民共和国商标法》（以下简称商标法），制定本条例。

第二条 本条例有关商品商标的规定，适用于服务商标。

第三条 商标持有人依照商标法第十三条规定请求驰名商标保护的，应当提交其商标构成驰名商标的证据材料。商标局、商标评审委员会应当依照商标法第十四条的规定，根据审查、处理案件的需要以及当事人提交的证据材料，对其商标驰名情况作出认定。

第四条　商标法第十六条规定的地理标志，可以依照商标法和本条例的规定，作为证明商标或者集体商标申请注册。

以地理标志作为证明商标注册的，其商品符合使用该地理标志条件的自然人、法人或者其他组织可以要求使用该证明商标，控制该证明商标的组织应当允许。以地理标志作为集体商标注册的，其商品符合使用该地理标志条件的自然人、法人或者其他组织，可以要求参加以该地理标志作为集体商标注册的团体、协会或者其他组织，该团体、协会或者其他组织应当依据其章程接纳为会员；不要求参加以该地理标志作为集体商标注册的团体、协会或者其他组织的，也可以正当使用该地理标志，该团体、协会或者其他组织无权禁止。

第五条　当事人委托商标代理机构申请商标注册或者办理其他商标事宜，应当提交代理委托书。代理委托书应当载明代理内容及权限；外国人或者外国企业的代理委托书还应当载明委托人的国籍。

外国人或者外国企业的代理委托书及与其有关的证明文件的公证、认证手续，按照对等原则办理。

申请商标注册或者转让商标，商标注册申请人或者商标转让受让人为外国人或者外国企业的，应当在申请书中指定中国境内接收人负责接收商标局、商标评审委员会后继商标业务的法律文件。商标局、商标评审委员会后继商标业务的法律文件向中国境内接收人送达。

商标法第十八条所称外国人或者外国企业，是指在中国没有经常居所或者营业所的外国人或者外国企业。

第六条　申请商标注册或者办理其他商标事宜，应当使用中文。

依照商标法和本条例规定提交的各种证件、证明文件和证据材料是外文的，应当附送中文译文；未附送的，视为未提交该证件、证明文件或者证据材料。

第七条　商标局、商标评审委员会工作人员有下列情形之一的，应当回避，当事人或者利害关系人可以要求其回避：

（一）是当事人或者当事人、代理人的近亲属的；

（二）与当事人、代理人有其他关系，可能影响公正的；

（三）与申请商标注册或者办理其他商标事宜有利害关系的。

第八条 以商标法第二十二条规定的数据电文方式提交商标注册申请等有关文件，应当按照商标局或者商标评审委员会的规定通过互联网提交。

第九条 除本条例第十八条规定的情形外，当事人向商标局或者商标评审委员会提交文件或者材料的日期，直接递交的，以递交日为准；邮寄的，以寄出的邮戳日为准；邮戳日不清晰或者没有邮戳的，以商标局或者商标评审委员会实际收到日为准，但是当事人能够提出实际邮戳日证据的除外。通过邮政企业以外的快递企业递交的，以快递企业收寄日为准；收寄日不明确的，以商标局或者商标评审委员会实际收到日为准，但是当事人能够提出实际收寄日证据的除外。以数据电文方式提交的，以进入商标局或者商标评审委员会电子系统的日期为准。

当事人向商标局或者商标评审委员会邮寄文件，应当使用给据邮件。

当事人向商标局或者商标评审委员会提交文件，以书面方式提交的，以商标局或者商标评审委员会所存档案记录为准；以数据电文方式提交的，以商标局或者商标评审委员会数据库记录为准，但是当事人确有证据证明商标局或者商标评审委员会档案、数据库记录有错误的除外。

第十条 商标局或者商标评审委员会的各种文件，可以通过邮寄、直接递交、数据电文或者其他方式送达当事人；以数据电文方式送达当事人的，应当经当事人同意。当事人委托商标代理机构的，文件送达商标代理机构视为送达当事人。

商标局或者商标评审委员会向当事人送达各种文件的日期，邮寄的，以当事人收到的邮戳日为准；邮戳日不清晰或者没有邮戳的，自文件发出之日起满 15 日视为送达当事人，但是当事人能够证明实际收到日的除外；直接递交的，以递交日为准；以数据电文方式送达的，自文件发出之日起满 15 日视为送达当事人，但是当事人能够证明文件进入其电子系统日期的除外。文件通过上述方式无法送达的，可以通过公告方式送达，自公告发布之日起满 30 日，该文件视为送达当事人。

第十一条 下列期间不计入商标审查、审理期限：

（一）商标局、商标评审委员会文件公告送达的期间；

（二）当事人需要补充证据或者补正文件的期间以及因当事人更换需要重新答辩的期间；

（三）同日申请提交使用证据及协商、抽签需要的期间；

（四）需要等待优先权确定的期间；

（五）审查、审理过程中，依案件申请人的请求等待在先权利案件审理结果的期间。

第十二条 除本条第二款规定的情形外，商标法和本条例规定的各种期限开始的当日不计算在期限内。期限以年或者月计算的，以期限最后一月的相应日为期限届满日；该月无相应日的，以该月最后一日为期限届满日；期限届满日是节假日的，以节假日后的第一个工作日为期限届满日。

商标法第三十九条、第四十条规定的注册商标有效期从法定日开始起算，期限最后一月相应日的前一日为期限届满日，该月无相应日的，以该月最后一日为期限届满日。

第二章　商标注册的申请

第十三条 申请商标注册，应当按照公布的商品和服务分类表填报。每一件商标注册申请应当向商标局提交《商标注册申请书》1 份、商标图样 1 份；以颜色组合或者着色图样申请商标注册的，应当提交着色图样，并提交黑白稿 1 份；不指定颜色的，应当提交黑白图样。

商标图样应当清晰，便于粘贴，用光洁耐用的纸张印制或者用照片代替，长和宽应当不大于 10 厘米，不小于 5 厘米。

以三维标志申请商标注册的，应当在申请书中予以声明，说明商标的使用方式，并提交能够确定三维形状的图样，提交的商标图样应当至少包含三面视图。

以颜色组合申请商标注册的，应当在申请书中予以声明，说明商标的使用方式。

以声音标志申请商标注册的，应当在申请书中予以声明，提交符合要求的声音样本，对申请注册的声音商标进行描述，说明商标的使用方式。对声音商标进行描述，应当以五线谱或者简谱对申请用作商标的声音加以描述并附加文字说明；无法以五线谱或者简谱描述的，应当以文字加以描述；商标描述与声音样本应当一致。

申请注册集体商标、证明商标的，应当在申请书中予以声明，并提交主体资格证明文件和使用管理规则。

商标为外文或者包含外文的，应当说明含义。

第十四条 申请商标注册的，申请人应当提交其身份证明文件。商标注册申请人的名义与所提交的证明文件应当一致。

前款关于申请人提交其身份证明文件的规定适用于向商标局提出的办理变更、转让、续展、异议、撤销等其他商标事宜。

第十五条 商品或者服务项目名称应当按照商品和服务分类表中的类别号、名称填写；商品或者服务项目名称未列入商品和服务分类表的，应当附送对该商品或者服务的说明。

商标注册申请等有关文件以纸质方式提出的，应当打字或者印刷。

本条第二款规定适用于办理其他商标事宜。

第十六条 共同申请注册同一商标或者办理其他共有商标事宜的，应当在申请书中指定一个代表人；没有指定代表人的，以申请书中顺序排列的第一人为代表人。

商标局和商标评审委员会的文件应当送达代表人。

第十七条 申请人变更其名义、地址、代理人、文件接收人或者删减指定的商品的，应当向商标局办理变更手续。

申请人转让其商标注册申请的，应当向商标局办理转让手续。

第十八条 商标注册的申请日期以商标局收到申请文件的日期为准。

商标注册申请手续齐备、按照规定填写申请文件并缴纳费用的，商标局予以受理并书面通知申请人；申请手续不齐备、未按照规定填写申请文件或者未缴纳费用的，商标局不予受理，书面通知申请人并说明理由。申请手续基本齐备或者申请文件基本符合规定，但是需要补正的，商标局通知申请人予以补正，限其自收到通知之日起30日内，按照指定内容补正并交回商标局。在规定期限内补正并交回商标局的，保留申请日期；期满未补正的或者不按照要求进行补正的，商标局不予受理并书面通知申请人。

本条第二款关于受理条件的规定适用于办理其他商标事宜。

第十九条 两个或者两个以上的申请人，在同一种商品或者类似商品上，分别以相同或者近似的商标在同一天申请注册的，各申请人应当自收到商标局通知之日起30日内提交其申请注册前在先使用该商标的证据。同日使用或者均未使用的，各申请人可以自收到商标局通知之日起30日内自行协商，并将书面协议报送商标局；不愿协商或者协商不成的，商标局通知各申请人以抽签的方式确定一个申请人，驳回其他人的注册申请。商标局已经通知但申请人未参加抽签的，视为放弃申请，商标局应当书面通知未参加抽签的申请人。

第二十条 依照商标法第二十五条规定要求优先权的，申请人提交的第一次提出商标注册申请文件的副本应当经受理该申请的商标主管机关证明，并注明申请日期和申请号。

第三章　商标注册申请的审查

第二十一条 商标局对受理的商标注册申请，依照商标法及本条例的有关规定进行审查，对符合规定或者在部分指定商品上使用商标的注册申请符合规定的，予以初步审定，并予以公告；对不符合规定或者在部分指定商品上使用商标的注册申请不符合规定的，予以驳回或者驳回在部分指定商品上使用商标的注册申请，书面通知申请人并说明理由。

第二十二条 商标局对一件商标注册申请在部分指定商品上予以驳回的，申请人可以将该申请中初步审定的部分申请分割成另一件申请，分割后的申请保留原申请的申请日期。

需要分割的，申请人应当自收到商标局《商标注册申请部分驳回通知书》之日起 15 日内，向商标局提出分割申请。

商标局收到分割申请后，应当将原申请分割为两件，对分割出来的初步审定申请生成新的申请号，并予以公告。

第二十三条 依照商标法第二十九条规定，商标局认为对商标注册申请内容需要说明或者修正的，申请人应当自收到商标局通知之日起 15 日内作出说明或者修正。

第二十四条 对商标局初步审定予以公告的商标提出异议的，异议人应当向商标局提交下列商标异议材料一式两份并标明正、副本：

（一）商标异议申请书；

（二）异议人的身份证明；

（三）以违反商标法第十三条第二款和第三款、第十五条、第十六条第一款、第三十条、第三十一条、第三十二条规定为由提出异议的，异议人作为在先权利人或者利害关系人的证明。

商标异议申请书应当有明确的请求和事实依据，并附送有关证据材料。

第二十五条 商标局收到商标异议申请书后，经审查，符合受理条件的，予以受理，向申请人发出受理通知书。

第二十六条 商标异议申请有下列情形的，商标局不予受理，书面通知申请人并说明理由：

（一）未在法定期限内提出的；

（二）申请人主体资格、异议理由不符合商标法第三十三条规定的；

（三）无明确的异议理由、事实和法律依据的；

（四）同一异议人以相同的理由、事实和法律依据针对同一商标再次提出异议申请的。

第二十七条　商标局应当将商标异议材料副本及时送交被异议人，限其自收到商标异议材料副本之日起 30 日内答辩。被异议人不答辩的，不影响商标局作出决定。

当事人需要在提出异议申请或者答辩后补充有关证据材料的，应当在商标异议申请书或者答辩书中声明，并自提交商标异议申请书或者答辩书之日起 3 个月内提交；期满未提交的，视为当事人放弃补充有关证据材料。但是，在期满后生成或者当事人有其他正当理由未能在期满前提交的证据，在期满后提交的，商标局将证据交对方当事人并质证后可以采信。

第二十八条　商标法第三十五条第三款和第三十六条第一款所称不予注册决定，包括在部分指定商品上不予注册决定。

被异议商标在商标局作出准予注册决定或者不予注册决定前已经刊发注册公告的，撤销该注册公告。经审查异议不成立而准予注册的，在准予注册决定生效后重新公告。

第二十九条　商标注册申请人或者商标注册人依照商标法第三十八条规定提出更正申请的，应当向商标局提交更正申请书。符合更正条件的，商标局核准后更正相关内容；不符合更正条件的，商标局不予核准，书面通知申请人并说明理由。

已经刊发初步审定公告或者注册公告的商标经更正的，刊发更正公告。

第四章　注册商标的变更、
转让、续展

第三十条　变更商标注册人名义、地址或者其他注册事项的，应当向商标局提交变更申请书。变更商标注册人名义的，还应当提交有关登记机关出具的变更证明文件。商标局核准的，发给商标注册人相应证明，并予以公告；不予核准的，应当书面通知申请人并说明理由。

变更商标注册人名义或者地址的，商标注册人应当将其全部注册商标一并变更；未一并变更的，由商标局通知其限期改正；期满未改正的，视为放弃变更申请，商标局应当书面通知申请人。

第三十一条 转让注册商标的，转让人和受让人应当向商标局提交转让注册商标申请书。转让注册商标申请手续应当由转让人和受让人共同办理。商标局核准转让注册商标申请的，发给受让人相应证明，并予以公告。

转让注册商标，商标注册人对其在同一种或者类似商品上注册的相同或者近似的商标未一并转让的，由商标局通知其限期改正；期满未改正的，视为放弃转让该注册商标的申请，商标局应当书面通知申请人。

第三十二条 注册商标专用权因转让以外的继承等其他事由发生移转的，接受该注册商标专用权的当事人应当凭有关证明文件或者法律文书到商标局办理注册商标专用权移转手续。

注册商标专用权移转的，注册商标专用权人在同一种或者类似商品上注册的相同或者近似的商标，应当一并移转；未一并移转的，由商标局通知其限期改正；期满未改正的，视为放弃该移转注册商标的申请，商标局应当书面通知申请人。

商标移转申请经核准的，予以公告。接受该注册商标专用权移转的当事人自公告之日起享有商标专用权。

第三十三条 注册商标需要续展注册的，应当向商标局提交商标续展注册申请书。商标局核准商标注册续展申请的，发给相应证明并予以公告。

第五章 商标国际注册

第三十四条 商标法第二十一条规定的商标国际注册，是指根据《商标国际注册马德里协定》（以下简称马德里协定）、《商标国际注册马德里协定有关议定书》（以下简称马德里议定书）及《商标国际注册马德里协定及该协定有关议定书的共同实施细则》的规定办理的马德里商标国际注册。

马德里商标国际注册申请包括以中国为原属国的商标国际注册申请、指定中国的领土延伸申请及其他有关的申请。

第三十五条 以中国为原属国申请商标国际注册的，应当在中国设有真实有效的营业所，或者在中国有住所，或者拥有中国国籍。

第三十六条 符合本条例第三十五条规定的申请人，其商标已在商标局获得注册的，可以根据马德里协定申请办理该商标的国际注册。

符合本条例第三十五条规定的申请人，其商标已在商标局获得注册，或者已向商标局提出商标注册申请并被受理的，可以根据马德里议定书申请办理该商标的国际注册。

第三十七条 以中国为原属国申请商标国际注册的，应当通过商标局向世界知识产权组织国际局（以下简称国际局）申请办理。

以中国为原属国的，与马德里协定有关的商标国际注册的后期指定、放弃、注销，应当通过商标局向国际局申请办理；与马德里协定有关的商标国际注册的转让、删减、变更、续展，可以通过商标局向国际局申请办理，也可以直接向国际局申请办理。

以中国为原属国的，与马德里议定书有关的商标国际注册的后期指定、转让、删减、放弃、注销、变更、续展，可以通过商标局向国际局申请办理，也可以直接向国际局申请办理。

第三十八条 通过商标局向国际局申请商标国际注册及办理其他有关申请的，应当提交符合国际局和商标局要求的申请书和相关材料。

第三十九条 商标国际注册申请指定的商品或者服务不得超出国内基础申请或者基础注册的商品或者服务的范围。

第四十条 商标国际注册申请手续不齐备或者未按照规定填写申请书的，商标局不予受理，申请日不予保留。

申请手续基本齐备或者申请书基本符合规定，但需要补正的，申请人应当自收到补正通知书之日起 30 日内予以补正，逾期未补正的，商标局不予受理，书面通知申请人。

第四十一条　通过商标局向国际局申请商标国际注册及办理其他有关申请的，应当按照规定缴纳费用。

申请人应当自收到商标局缴费通知单之日起 15 日内，向商标局缴纳费用。期满未缴纳的，商标局不受理其申请，书面通知申请人。

第四十二条　商标局在马德里协定或者马德里议定书规定的驳回期限（以下简称驳回期限）内，依照商标法和本条例的有关规定对指定中国的领土延伸申请进行审查，作出决定，并通知国际局。商标局在驳回期限内未发出驳回或者部分驳回通知的，该领土延伸申请视为核准。

第四十三条　指定中国的领土延伸申请人，要求将三维标志、颜色组合、声音标志作为商标保护或者要求保护集体商标、证明商标的，自该商标在国际局国际注册簿登记之日起 3 个月内，应当通过依法设立的商标代理机构，向商标局提交本条例第十三条规定的相关材料。未在上述期限内提交相关材料的，商标局驳回该领土延伸申请。

第四十四条　世界知识产权组织对商标国际注册有关事项进行公告，商标局不再另行公告。

第四十五条　对指定中国的领土延伸申请，自世界知识产权组织《国际商标公告》出版的次月 1 日起 3 个月内，符合商标法第三十三条规定条件的异议人可以向商标局提出异议申请。

商标局在驳回期限内将异议申请的有关情况以驳回决定的形式通知国际局。

被异议人可以自收到国际局转发的驳回通知书之日起 30 日内进行答辩，答辩书及相关证据材料应当通过依法设立的商标代理机构向商标局提交。

第四十六条　在中国获得保护的国际注册商标，有效期自国际注册日或者后期指定日起算。在有效期届满前，注册人可以向国际局申请续展，在有效期内未申请续展的，可以给予 6 个月的宽展期。商标局收到国际局的续展通知后，依法进行审查。国际局通知未续展的，注销该国际注册商标。

第四十七条 指定中国的领土延伸申请办理转让的，受让人应当在缔约方境内有真实有效的营业所，或者在缔约方境内有住所，或者是缔约方国民。

转让人未将其在相同或者类似商品或者服务上的相同或者近似商标一并转让的，商标局通知注册人自发出通知之日起3个月内改正；期满未改正或者转让容易引起混淆或者有其他不良影响的，商标局作出该转让在中国无效的决定，并向国际局作出声明。

第四十八条 指定中国的领土延伸申请办理删减，删减后的商品或者服务不符合中国有关商品或者服务分类要求或者超出原指定商品或者服务范围的，商标局作出该删减在中国无效的决定，并向国际局作出声明。

第四十九条 依照商标法第四十九条第二款规定申请撤销国际注册商标，应当自该商标国际注册申请的驳回期限届满之日起满3年后向商标局提出申请；驳回期限届满时仍处在驳回复审或者异议相关程序的，应当自商标局或者商标评审委员会作出的准予注册决定生效之日起满3年后向商标局提出申请。

依照商标法第四十四条第一款规定申请宣告国际注册商标无效的，应当自该商标国际注册申请的驳回期限届满后向商标评审委员会提出申请；驳回期限届满时仍处在驳回复审或者异议相关程序的，应当自商标局或者商标评审委员会作出的准予注册决定生效后向商标评审委员会提出申请。

依照商标法第四十五条第一款规定申请宣告国际注册商标无效的，应当自该商标国际注册申请的驳回期限届满之日起5年内向商标评审委员会提出申请；驳回期限届满时仍处在驳回复审或者异议相关程序的，应当自商标局或者商标评审委员会作出的准予注册决定生效之日起5年内向商标评审委员会提出申请。对恶意注册的，驰名商标所有人不受5年的时间限制。

第五十条 商标法和本条例下列条款的规定不适用于办理商标国际注册相关事宜：

（一）商标法第二十八条、第三十五条第一款关于审查和审理期限的规定；

（二）本条例第二十二条、第三十条第二款；

（三）商标法第四十二条及本条例第三十一条关于商标转让由转让人和受让人共同申请并办理手续的规定。

第六章　商标评审

第五十一条　商标评审是指商标评审委员会依照商标法第三十四条、第三十五条、第四十四条、第四十五条、第五十四条的规定审理有关商标争议事宜。当事人向商标评审委员会提出商标评审申请，应当有明确的请求、事实、理由和法律依据，并提供相应证据。

商标评审委员会根据事实，依法进行评审。

第五十二条　商标评审委员会审理不服商标局驳回商标注册申请决定的复审案件，应当针对商标局的驳回决定和申请人申请复审的事实、理由、请求及评审时的事实状态进行审理。

商标评审委员会审理不服商标局驳回商标注册申请决定的复审案件，发现申请注册的商标有违反商标法第十条、第十一条、第十二条和第十六条第一款规定情形，商标局并未依据上述条款作出驳回决定的，可以依据上述条款作出驳回申请的复审决定。商标评审委员会作出复审决定前应当听取申请人的意见。

第五十三条　商标评审委员会审理不服商标局不予注册决定的复审案件，应当针对商标局的不予注册决定和申请人申请复审的事实、理由、请求及原异议人提出的意见进行审理。

商标评审委员会审理不服商标局不予注册决定的复审案件，应当通知原异议人参加并提出意见。原异议人的意见对案件审理结果有实质影响的，可以作为评审的依据；原异议人不参加或者不提出意见的，不影响案件的审理。

第五十四条　商标评审委员会审理依照商标法第四十四条、第四十五条规定请求宣告注册商标无效的案件，应当针对当事人申请和答辩的事实、理由及请求进行审理。

　　第五十五条　商标评审委员会审理不服商标局依照商标法第四十四条第一款规定作出宣告注册商标无效决定的复审案件，应当针对商标局的决定和申请人申请复审的事实、理由及请求进行审理。

　　第五十六条　商标评审委员会审理不服商标局依照商标法第四十九条规定作出撤销或者维持注册商标决定的复审案件，应当针对商标局作出撤销或者维持注册商标决定和当事人申请复审时所依据的事实、理由及请求进行审理。

　　第五十七条　申请商标评审，应当向商标评审委员会提交申请书，并按照对方当事人的数量提交相应份数的副本；基于商标局的决定书申请复审的，还应当同时附送商标局的决定书副本。

　　商标评审委员会收到申请书后，经审查，符合受理条件的，予以受理；不符合受理条件的，不予受理，书面通知申请人并说明理由；需要补正的，通知申请人自收到通知之日起 30 日内补正。经补正仍不符合规定的，商标评审委员会不予受理，书面通知申请人并说明理由；期满未补正的，视为撤回申请，商标评审委员会应当书面通知申请人。

　　商标评审委员会受理商标评审申请后，发现不符合受理条件的，予以驳回，书面通知申请人并说明理由。

　　第五十八条　商标评审委员会受理商标评审申请后应当及时将申请书副本送交对方当事人，限其自收到申请书副本之日起 30 日内答辩；期满未答辩的，不影响商标评审委员会的评审。

　　第五十九条　当事人需要在提出评审申请或者答辩后补充有关证据材料的，应当在申请书或者答辩书中声明，并自提交申请书或者答辩书之日起 3 个月内提交；期满未提交的，视为放弃补充有关证据材料。但是，在期满后生成或者当事人有其他正当理由未能在期满前提交的证据，在期满后提交的，商标评审委员会将证据交对方当事人并质证后可以采信。

　　第六十条　商标评审委员会根据当事人的请求或者实际需要，可以决定对评审申请进行口头审理。

　　商标评审委员会决定对评审申请进行口头审理的，应当在口头审理 15 日前书面通知当事人，告知口头审理的日期、地点和评审人员。当事人应当在通知书指定的期限内作出答复。

　　申请人不答复也不参加口头审理的，其评审申请视为撤回，商标评审委员会应当书面通知申请人；被申请人不答复也不参加口头审理的，商标评审委员会可以缺席评审。

　　第六十一条　申请人在商标评审委员会作出决定、裁定前，可以书面向商标评审委员会要求撤回申请并说明理由，商标评审委员会认为可以撤回的，评审程序终止。

　　第六十二条　申请人撤回商标评审申请的，不得以相同的事实和理由再次提出评审申请。商标评审委员会对商标评审申请已经作出裁定或者决定的，任何人不得以相同的事实和理由再次提出评审申请。但是，经不予注册复审程序予以核准注册后向商标评审委员会提起宣告注册商标无效的除外。

第七章　商标使用的管理

　　第六十三条　使用注册商标，可以在商品、商品包装、说明书或者其他附着物上标明"注册商标"或者注册标记。

　　注册标记包括和©。使用注册标记，应当标注在商标的右上角或者右下角。

　　第六十四条　《商标注册证》遗失或者破损的，应当向商标局提交补发《商标注册证》申请书。《商标注册证》遗失的，应当在《商标公告》上刊登遗失声明。破损的《商标注册证》，应当在提交补发申请时交回商标局。

　　商标注册人需要商标局补发商标变更、转让、续展证明，出具商标注册证明，或者商标申请人需要商标局出具优先权证明文件的，应当向商标局提交相应申请书。符合要求的，商标局发给相应证明；不符合要求的，商标局不予办理，通知申请人并告知理由。

　　伪造或者变造《商标注册证》或者其他商标证明文件的，依照刑法关于伪造、变造国家机关证件罪或者其他罪的规定，依法追究刑事责任。

第六十五条 有商标法第四十九条规定的注册商标成为其核定使用的商品通用名称情形的，任何单位或者个人可以向商标局申请撤销该注册商标，提交申请时应当附送证据材料。商标局受理后应当通知商标注册人，限其自收到通知之日起 2 个月内答辩；期满未答辩的，不影响商标局作出决定。

第六十六条 有商标法第四十九条规定的注册商标无正当理由连续 3 年不使用情形的，任何单位或者个人可以向商标局申请撤销该注册商标，提交申请时应当说明有关情况。商标局受理后应当通知商标注册人，限其自收到通知之日起 2 个月内提交该商标在撤销申请提出前使用的证据材料或者说明不使用的正当理由；期满未提供使用的证据材料或者证据材料无效并没有正当理由的，由商标局撤销其注册商标。

前款所称使用的证据材料，包括商标注册人使用注册商标的证据材料和商标注册人许可他人使用注册商标的证据材料。

以无正当理由连续 3 年不使用为由申请撤销注册商标的，应当自该注册商标注册公告之日起满 3 年后提出申请。

第六十七条 下列情形属于商标法第四十九条规定的正当理由：

（一）不可抗力；

（二）政府政策性限制；

（三）破产清算；

（四）其他不可归责于商标注册人的正当事由。

第六十八条 商标局、商标评审委员会撤销注册商标或者宣告注册商标无效，撤销或者宣告无效的理由仅及于部分指定商品的，对在该部分指定商品上使用的商标注册予以撤销或者宣告无效。

第六十九条 许可他人使用其注册商标的，许可人应当在许可合同有效期内向商标局备案并报送备案材料。备案材料应当说明注册商标使用许可人、被许可人、许可期限、许可使用的商品或者服务范围等事项。

第七十条　以注册商标专用权出质的，出质人与质权人应当签订书面质权合同，并共同向商标局提出质权登记申请，由商标局公告。

第七十一条　违反商标法第四十三条第二款规定的，由工商行政管理部门责令限期改正；逾期不改正的，责令停止销售，拒不停止销售的，处 10 万元以下的罚款。

第七十二条　商标持有人依照商标法第十三条规定请求驰名商标保护的，可以向工商行政管理部门提出请求。经商标局依照商标法第十四条规定认定为驰名商标的，由工商行政管理部门责令停止违反商标法第十三条规定使用商标的行为，收缴、销毁违法使用的商标标识；商标标识与商品难以分离的，一并收缴、销毁。

第七十三条　商标注册人申请注销其注册商标或者注销其商标在部分指定商品上的注册的，应当向商标局提交商标注销申请书，并交回原《商标注册证》。

商标注册人申请注销其注册商标或者注销其商标在部分指定商品上的注册，经商标局核准注销的，该注册商标专用权或者该注册商标专用权在该部分指定商品上的效力自商标局收到其注销申请之日起终止。

第七十四条　注册商标被撤销或者依照本条例第七十三条的规定被注销的，原《商标注册证》作废，并予以公告；撤销该商标在部分指定商品上的注册的，或者商标注册人申请注销其商标在部分指定商品上的注册的，重新核发《商标注册证》，并予以公告。

第八章　注册商标专用权的保护

第七十五条　为侵犯他人商标专用权提供仓储、运输、邮寄、印制、隐匿、经营场所、网络商品交易平台等，属于商标法第五十七条第六项规定的提供便利条件。

第七十六条　在同一种商品或者类似商品上将与他人注册商标相同或者近似的标志作为商品名称或者商品装潢使用，误导公众的，属于商标法第五十七条第二项规定的侵犯注册商标专用权的行为。

第七十七条 对侵犯注册商标专用权的行为，任何人可以向工商行政管理部门投诉或者举报。

第七十八条 计算商标法第六十条规定的违法经营额，可以考虑下列因素：

（一）侵权商品的销售价格；

（二）未销售侵权商品的标价；

（三）已查清侵权商品实际销售的平均价格；

（四）被侵权商品的市场中间价格；

（五）侵权人因侵权所产生的营业收入；

（六）其他能够合理计算侵权商品价值的因素。

第七十九条 下列情形属于商标法第六十条规定的能证明该商品是自己合法取得的情形：

（一）有供货单位合法签章的供货清单和货款收据且经查证属实或者供货单位认可的；

（二）有供销双方签订的进货合同且经查证已真实履行的；

（三）有合法进货发票且发票记载事项与涉案商品对应的；

（四）其他能够证明合法取得涉案商品的情形。

第八十条 销售不知道是侵犯注册商标专用权的商品，能证明该商品是自己合法取得并说明提供者的，由工商行政管理部门责令停止销售，并将案件情况通报侵权商品提供者所在地工商行政管理部门。

第八十一条 涉案注册商标权属正在商标局、商标评审委员会审理或者人民法院诉讼中，案件结果可能影响案件定性的，属于商标法第六十二条第三款规定的商标权属存在争议。

第八十二条 在查处商标侵权案件过程中，工商行政管理部门可以要求权利人对涉案商品是否为权利人生产或者其许可生产的产品进行辨认。

第九章 商标代理

第八十三条 商标法所称商标代理，是指接受委托人的委托，以委托人的名义办理商标注册申请、商标评审或者其他商标事宜。

第八十四条 商标法所称商标代理机构，包括经工商行政管理部门登记从事商标代理业务的服务机构和从事商标代理业务的律师事务所。

商标代理机构从事商标局、商标评审委员会主管的商标事宜代理业务的，应当按照下列规定向商标局备案：

（一）交验工商行政管理部门的登记证明文件或者司法行政部门批准设立律师事务所的证明文件并留存复印件；

（二）报送商标代理机构的名称、住所、负责人、联系方式等基本信息；

（三）报送商标代理从业人员名单及联系方式。

工商行政管理部门应当建立商标代理机构信用档案。商标代理机构违反商标法或者本条例规定的，由商标局或者商标评审委员会予以公开通报，并记入其信用档案。

第八十五条 商标法所称商标代理从业人员，是指在商标代理机构中从事商标代理业务的工作人员。

商标代理从业人员不得以个人名义自行接受委托。

第八十六条 商标代理机构向商标局、商标评审委员会提交的有关申请文件，应当加盖该代理机构公章并由相关商标代理从业人员签字。

第八十七条 商标代理机构申请注册或者受让其代理服务以外的其他商标，商标局不予受理。

第八十八条 下列行为属于商标法第六十八条第一款第二项规定的以其他不正当手段扰乱商标代理市场秩序的行为：

（一）以欺诈、虚假宣传、引人误解或者商业贿赂等方式招徕业务的；

（二）隐瞒事实，提供虚假证据，或者威胁、诱导他人隐瞒事实，提供虚假证据的；

（三）在同一商标案件中接受有利益冲突的双方当事人委托的。

第八十九条 商标代理机构有商标法第六十八条规定行为的，由行为人所在地或者违法行为发生地县级以上工商行政管理部门进行查处并将查处情况通报商标局。

第九十条 商标局、商标评审委员会依照商标法第六十八条规定停止受理商标代理机构办理商标代理业务的，可以作出停止受理该商标代理机构商标代理业务 6 个月以上直至永久停止受理的决定。停止受理商标代理业务的期间届满，商标局、商标评审委员会应当恢复受理。

商标局、商标评审委员会作出停止受理或者恢复受理商标代理的决定应当在其网站予以公告。

第九十一条 工商行政管理部门应当加强对商标代理行业组织的监督和指导。

第十章　附　则

第九十二条 连续使用至 1993 年 7 月 1 日的服务商标，与他人在相同或者类似的服务上已注册的服务商标相同或者近似的，可以继续使用；但是，1993 年 7 月 1 日后中断使用 3 年以上的，不得继续使用。

已连续使用至商标局首次受理新放开商品或者服务项目之日的商标，与他人在新放开商品或者服务项目相同或者类似的商品或者服务上已注册的商标相同或者近似的，可以继续使用；但是，首次受理之日后中断使用 3 年以上的，不得继续使用。

第九十三条 商标注册用商品和服务分类表，由商标局制定并公布。

申请商标注册或者办理其他商标事宜的文件格式，由商标局、商标评审委员会制定并公布。

商标评审委员会的评审规则由国务院工商行政管理部门制定并公布。

第九十四条 商标局设置《商标注册簿》，记载注册商标及有关注册事项。

第九十五条 《商标注册证》及相关证明是权利人享有注册商标专用权的凭证。《商标注册证》记载的注册事项，应当与《商标注册簿》一致；记载不一致的，除有证据证明《商标注册簿》确有错误外，以《商标注册簿》为准。

第九十六条 商标局发布《商标公告》，刊发商标注册及其他有关事项。

《商标公告》采用纸质或者电子形式发布。

除送达公告外，公告内容自发布之日起视为社会公众已经知道或者应当知道。

第九十七条 申请商标注册或者办理其他商标事宜，应当缴纳费用。缴纳费用的项目和标准，由国务院财政部门、国务院价格主管部门分别制定。

第九十八条 本条例自 2014 年 5 月 1 日起施行。

附 录

驰名商标认定和保护规定

国家工商行政管理总局令

第 66 号

《驰名商标认定和保护规定》已经国家工商行政管理总局局务会议审议通过,现予公布,自公布之日起 30 日后施行。

国家工商行政管理总局局长

2014 年 7 月 3 日

第一条 为规范驰名商标认定工作,保护驰名商标持有人的合法权益,根据《中华人民共和国商标法》(以下简称商标法)、《中华人民共和国商标法实施条例》(以下简称实施条例),制定本规定。

第二条 驰名商标是在中国为相关公众所熟知的商标。

相关公众包括与使用商标所标示的某类商品或者服务有关的消费者,生产前述商品或者提供服务的其他经营者以及经销渠道中所涉及的销售者和相关人员等。

第三条 商标局、商标评审委员会根据当事人请求和审查、处理案件的需要,负责在商标注册审查、商标争议处理和工商行政管理部门查处商标违法案件过程中认定和保护驰名商标。

第四条 驰名商标认定遵循个案认定、被动保护的原则。

第五条 当事人依照商标法第三十三条规定向商标局提出异议,并依照商标法第十三条规定请求驰名商标保护的,可以向商标局提出驰名商标保护的书面请求并提交其商标构成驰名商标的证据材料。

第六条 当事人在商标不予注册复审案件和请求无效宣告案件中，依照商标法第十三条规定请求驰名商标保护的，可以向商标评审委员会提出驰名商标保护的书面请求并提交其商标构成驰名商标的证据材料。

第七条 涉及驰名商标保护的商标违法案件由市（地、州）级以上工商行政管理部门管辖。当事人请求工商行政管理部门查处商标违法行为，并依照商标法第十三条规定请求驰名商标保护的，可以向违法行为发生地的市（地、州）级以上工商行政管理部门进行投诉，并提出驰名商标保护的书面请求，提交证明其商标构成驰名商标的证据材料。

第八条 当事人请求驰名商标保护应当遵循诚实信用原则，并对事实及所提交的证据材料的真实性负责。

第九条 以下材料可以作为证明符合商标法第十四条第一款规定的证据材料：

（一）证明相关公众对该商标知晓程度的材料。

（二）证明该商标使用持续时间的材料，如该商标使用、注册的历史和范围的材料。该商标为未注册商标的，应当提供证明其使用持续时间不少于五年的材料。该商标为注册商标的，应当提供证明其注册时间不少于三年或者持续使用时间不少于五年的材料。

（三）证明该商标的任何宣传工作的持续时间、程度和地理范围的材料，如近三年广告宣传和促销活动的方式、地域范围、宣传媒体的种类以及广告投放量等材料。

（四）证明该商标曾在中国或者其他国家和地区作为驰名商标受保护的材料。

（五）证明该商标驰名的其他证据材料，如使用该商标的主要商品在近三年的销售收入、市场占有率、净利润、纳税额、销售区域等材料。

前款所称"三年"、"五年"，是指被提出异议的商标注册申请日期、被提出无效宣告请求的商标注册申请日期之前的三年、五年，以及在查处商标违法案件中提出驰名商标保护请求日期之前的三年、五年。

第十条 当事人依照本规定第五条、第六条规定提出驰名商标保护请求的，商标局、商标评审委员会应当在商标法第三十五条、第三十七条、第四十五条规定的期限内及时作出处理。

第十一条 当事人依照本规定第七条规定请求工商行政管理部门查处商标违法行为的，工商行政管理部门应当对投诉材料予以核查，依照《工商行政管理机关行政处罚程序规定》的有关规定决定是否立案。决定立案的，工商行政管理部门应当对当事人提交的驰名商标保护请求及相关证据材料是否符合商标法第十三条、第十四条、实施条例第三条和本规定第九条规定进行初步核实和审查。经初步核查符合规定的，应当自立案之日起三十日内将驰名商标认定请示、案件材料副本一并报送上级工商行政管理部门。经审查不符合规定的，应当依照《工商行政管理机关行政处罚程序规定》的规定及时作出处理。

第十二条 省（自治区、直辖市）工商行政管理部门应当对本辖区内市（地、州）级工商行政管理部门报送的驰名商标认定相关材料是否符合商标法第十三条、第十四条、实施条例第三条和本规定第九条规定进行核实和审查。经核查符合规定的，应当自收到驰名商标认定相关材料之日起三十日内，将驰名商标认定请示、案件材料副本一并报送商标局。经审查不符合规定的，应当将有关材料退回原立案机关，由其依照《工商行政管理机关行政处罚程序规定》的规定及时作出处理。

第十三条 商标局、商标评审委员会在认定驰名商标时，应当综合考虑商标法第十四条第一款和本规定第九条所列各项因素，但不以满足全部因素为前提。

商标局、商标评审委员会在认定驰名商标时，需要地方工商行政管理部门核实有关情况的，相关地方工商行政管理部门应当予以协助。

第十四条 商标局经对省（自治区、直辖市）工商行政管理部门报送的驰名商标认定相关材料进行审查，认定构成驰名商标的，应当向报送请示的省（自治区、直辖市）工商行政管理部门作出批复。

立案的工商行政管理部门应当自商标局作出认定批复后六十日内依法予以处理，并将行政处罚决定书抄报所在省（自治区、直辖市）工商行政管理部门。省（自治区、直辖市）工商行政管理部门应当自收到抄报的行政处罚决定书之日起三十日内将案件处理情况及行政处罚决定书副本报送商标局。

第十五条 各级工商行政管理部门在商标注册和管理工作中应当加强对驰名商标的保护，维护权利人和消费者合法权益。商标违法行为涉嫌犯罪的，应当将案件及时移送司法机关。

第十六条 商标注册审查、商标争议处理和工商行政管理部门查处商标违法案件过程中，当事人依照商标法第十三条规定请求驰名商标保护时，可以提供该商标曾在我国作为驰名商标受保护的记录。

当事人请求驰名商标保护的范围与已被作为驰名商标予以保护的范围基本相同，且对方当事人对该商标驰名无异议，或者虽有异议，但异议理由和提供的证据明显不足以支持该异议的，商标局、商标评审委员会、商标违法案件立案部门可以根据该保护记录，结合相关证据，给予该商标驰名商标保护。

第十七条 在商标违法案件中，当事人通过弄虚作假或者提供虚假证据材料等不正当手段骗取驰名商标保护的，由商标局撤销对涉案商标已作出的认定，并通知报送驰名商标认定请示的省（自治区、直辖市）工商行政管理部门。

第十八条 地方工商行政管理部门违反本规定第十一条、第十二条规定未履行对驰名商标认定相关材料进行核实和审查职责，或者违反本规定第十三条第二款规定未予以协助或者未履行核实职责，或者违反本规定第十四条第二款规定逾期未对商标违法案件作出处理或者逾期未报送处理情况的，由上一级工商行政管理部门予以通报，并责令其整改。

第十九条 各级工商行政管理部门应当建立健全驰名商标认定工作监督检查制度。

第二十条 参与驰名商标认定与保护相关工作的人员，玩忽职守、滥用职权、徇私舞弊，违法办理驰名商标认定有关事项，收受当事人财物，牟取不正当利益的，依照有关规定予以处理。

第二十一条 本规定自公布之日起 30 日后施行。2003 年 4 月 17 日国家工商行政管理总局公布的《驰名商标认定和保护规定》同时废止。

商标代理管理办法

国家工商行政管理总局令

第 50 号

　　《商标代理管理办法》已经中华人民共和国国家工商行政管理总局局务会议审议通过，现予公布，自公布之日起施行。

局长　周伯华

二〇一〇年七月十二日

　　第一条　为维护商标代理秩序，保障委托人及商标代理组织的合法权益，根据《中华人民共和国商标法》及《中华人民共和国商标法实施条例》，制定本办法。

　　第二条　本办法所称商标代理是指商标代理组织接受委托人的委托，以委托人的名义办理商标注册申请及其他有关商标事宜。

　　本办法所称商标代理组织是指接受委托人的委托，以委托人的名义办理商标注册申请或者其他商标事宜的法律服务机构。

　　本办法所称商标代理人是指在商标代理组织中执业的工作人员。

　　第三条　国务院工商行政管理部门依法对全国商标代理组织和商标代理人的代理行为进行管理和监督。

　　县级以上工商行政管理部门依法对本辖区的商标代理组织和商标代理人的代理行为进行管理和监督。

　　第四条　申请设立商标代理组织的，申请人向所在地县级以上工商行政管理部门申请登记，领取《企业法人营业执照》或者《营业执照》。

　　律师事务所从事商标代理的，不适用前款规定。

　　第五条　商标代理组织不得委托其他单位和个人从事商标代办活动，并不得为从事上述活动提供任何便利。

第六条 商标代理组织可以接受委托人委托，指定商标代理人办理下列代理业务：

（一）代理商标注册申请、变更、续展、转让、异议、撤销、评审、侵权投诉等有关事项；

（二）提供商标法律咨询，担任商标法律顾问；

（三）代理其他有关商标事务。

商标代理人办理的商标注册申请书等文件，应当由商标代理人签字并加盖商标代理组织印章。

第七条 商标代理组织不得接受同一商标案件中双方当事人的委托。

第八条 商标代理人应当遵守法律，恪守职业道德和执业纪律，依法开展商标代理业务，及时准确地为委托人提供良好的商标代理服务，认真维护委托人的合法权益。

第九条 商标代理人应当符合以下条件：

（一）具有完全的民事行为能力；

（二）熟悉商标法和相关法律、法规，具备商标代理专业知识；

（三）在商标代理组织中执业。

第十条 商标代理人不得同时在两个以上的商标代理组织执业。

第十一条 商标代理人应当为委托人保守商业秘密，未经委托人同意，不得把未经公开的代理事项泄露给其他机构和个人。

第十二条 在明知委托人的委托事宜出于恶意或者其行为违反国家法律或者具有欺诈性的情况下，商标代理人应当拒绝接受委托。

第十三条 商标代理组织有下列行为之一的，由其所在地或者行为地县级以上工商行政管理部门予以警告或者处以一万元以下罚款；有违法所得的，处以违法所得额三倍以下，但最高不超过三万元罚款：

（一）与第三方串通，损害委托人合法权益的；

（二）违反本办法第五条、第七条规定的；

（三）损害国家和社会公共利益或者其他代理组织合法权益的；

（四）从事其他非法活动的。

第十四条 商标代理人有下列行为之一的，由其所在地或者行为地县级以上工商行政管理部门予以警告或者处以一万元以下罚款：

（一）私自接受委托，向委托人收取费用，收受委托人财物的；

（二）隐瞒事实，提供虚假证据，或者威胁、诱导他人隐瞒事实，提供虚假证据的；

（三）违反本办法第十条、第十一条、第十二条规定的；

（四）有其他违法行为的。

第十五条 违反本办法第四条第一款规定，未经工商行政管理部门登记即从事商标代理活动或者用欺骗手段取得登记的组织，由所在地县级以上工商行政管理部门依照有关企业登记管理的法律、法规处罚。

第十六条 被处罚的商标代理组织及商标代理人对工商行政管理部门的行政处罚不服的，可以依照《行政复议法》的规定申请复议；也可以直接向人民法院依法提起诉讼。

第十七条 本办法由国家工商行政管理总局负责解释。

第十八条 本办法自公布之日起施行。

工商总局关于大力推进商标注册
便利化改革的意见

工商标字〔2016〕139号

各省、自治区、直辖市及计划单列市、副省级市工商行政管理局、市场监督管理部门：

为落实国务院关于简政放权、放管结合、优化服务的部署和要求，进一步激发市场活力，推动大众创业、万众创新，工商总局决定进一步深化商事制度改革，大力推进商标注册便利化。

一、改革的总体思路

以党的十八大和十八届二中、三中、四中、五中全会精神为指导，深入实施商标品牌战略，以解决商标注册和管理存在的问题为导向，以实现商标注册便利化为主线，以拓展商标申请渠道、简化商标注册手续、优化商标注册流程、完善商标审查机制、加强商标信用监管为手段，进一步方便申请人申请注册商标，提高商标审查效率，提升商标公共服务水平，更好发挥品牌引领作用，促进品牌经济发展。

二、拓展商标申请渠道，为申请人提供便利

（一）委托地方受理商标注册申请。地方工商、市场监管部门受商标局委托，在地方政务大厅或注册大厅设立商标受理处，代为办理商标注册申请受理等业务。2016年在四川雅安、浙江台州等地开展试点，根据试点情况逐步增设。

（二）设立京外商标审查协作中心。根据区域经济发展水平和商标申请规模，在京外合理布局，开展设立商标审查协作中心试点工作。商标审查协作中心受商标局委托，负责办理商标审查等业务。2016年开始试点，根据试点情况和业务需求适时增设。

（三）设立地方注册商标质权登记申请受理点。认真总结地方商标质押融资经验，加强对全国新设立的26个注册商标质权登记申请受理点的业务指导。自2017年起，在全国范围内逐步增设注册商标质权登记申请受理点。

（四）推行网上申请。将网上申请由仅对商标代理机构开放扩大至所有申请人；将网上申请仅接受商标注册申请逐步扩大至商标续展、转让、注销、变更等商标业务申请。2017 年起，申请人办理商标注册申请的，可通过互联网、到所在地商标受理处或者到商标局注册大厅办理。

三、简化手续优化流程，为申请人提供优质服务

（五）优化商标注册流程。通过调整内部程序等方式将商标注册申请受理通知书发放时间由 6 个月左右缩短至 3 个月内。简化部分商标注册申请材料和手续。清理商标书式和精简商标发文。开通注册商标后续业务快速审查通道。

（六）改变出具商标注册证明方式。推进部门之间信息共享核查，相关部门和单位在核查商标注册状态时可以通过商标数据库核查。对于确需商标局书面证明注册商标状态的，商标局通过在商标档案打印件上加盖"商标注册证明专用章"的方式办理，不再出具《商标注册证明》。缩短业务办理时间，在商标注册大厅直接申请的当场办理；通过邮寄办理的，商标局在 5 个工作日内办结寄出。马德里国际注册商标注册证明办理方式不变。

（七）逐步推进商标注册全程电子化。改革商标收发文方式，积极推进电子商标注册证及电子送达工作。开放商标数据库，引导地方工商、市场监管部门运用商标数据库信息加强商标监管工作。加强内部办公平台、社会服务平台"两个平台"建设，提升中国商标网服务体验，推动网上查询、网上申请、网上公告系统提速升级。

（八）进一步提升商标窗口服务水平。改进商标注册大厅窗口服务工作，畅通沟通服务渠道，提高商标咨询服务质量。公布可接受商品服务项目清单和各类商标申请形式审查标准，给申请人提供明确指引。加强商标受理处等商标服务窗口规范化建设。

四、完善商标审查机制，提高商标审查效率

（九）实行商标审查工作部分委托、服务性工作全部外包。对《工商总局关于完善商标审查机制、提高审查工作效率的意见》（工商人字〔2014〕73 号）已经明确的改革事项进行梳理，尚未落实到位的，2016

年年内予以落实，在此基础上进一步深化审查体制机制改革。

（十）积极推行独任审查制。商标局对国际商标注册和商标异议审查推行独任审查。商标审查协作中心 2016 年独任审查比例扩大至 70% 以上，在确保 9 个月法定期限的基础上，力争进一步缩短商标审查周期。

（十一）合理调配商标审查力量。根据商标工作量合理调配商标审查、商标评审力量，同步修订商标局、商标评审委员会"三定"方案。商标审查协作中心建立灵活应对商标申请量变化的用人机制和管理机制。

（十二）健全质量管理监督机制。建立商标审查、商标评审质量监管体系，合理确定抽检比例。商标审查协作中心建立"三随机一公开"制度，即：商标业务随机获取、随机审签、随机抽检，及时公开商标业务信息。完善商标审查会商制度，对重大、疑难案件，由商标局牵头进行集体研究会商，切实提高商标审查质量。

（十三）完善审查经费拨付机制。改变现行的经费核算和拨付方式，对完成商标审查工作所需的经费，采取购买服务的形式，以单件审查成本和审查量为依据予以保障。实行经费预付机制。建立和完善审查工作激励机制。

五、加强商标信用监管，深入实施商标品牌战略

（十四）加强商标信用监管。充分运用大数据、云计算等信息化手段加强商标监管工作。将商标侵权假冒、恶意抢注、违法商标代理行为等信息纳入信用信息公示系统，加大失信行为惩戒力度。支持中华商标协会加强商标代理行业自律，提高商标代理水平。

（十五）深入实施商标品牌战略。创新推进商标品牌战略试点、示范工作，加强产业和区域商标品牌建设。构建国家层面的商标品牌评价指标体系，引导支持第三方发布中国商标品牌榜和《中国商标品牌发展报告》。加强与世界知识产权组织合作，开展"中国商标金奖"评选活动。办好中国国际商标品牌节。

（十六）加强对地方统一市场监管框架下的知识产权综合管理执法试点工作的调研和指导。深入调研，密切关注各地知识产权综合管理执法改革的情况，及时总结统一市场监管框架下的知识产权综合管理执法的成功经验和做法，尊重地方首创精神，支持有条件的地方开

展统一市场监管框架下的知识产权综合管理执法试点。

六、保障措施

（十七）加强组织领导。总局成立由刘玉亭同志担任组长，马正其同志、刘俊臣同志担任副组长的商标注册便利化改革领导小组，根据业务工作，统筹协调，组织办公厅、综合司、法规司、人事司、商标局、商标评审委员会、经济信息中心、宣传中心、中华商标协会、商标审查协作中心等单位有效开展工作。领导小组办公室设在商标局。

（十八）加强经费保障。加强商标业务经费和信息化建设运维经费保障，根据商标申请单件成本和年申请量变化情况，确保商标审查协作中心和商标受理处顺利运营的保障经费到位。加强商标品牌战略经费保障。

（十九）加强信息化保障。进一步建立健全商标信息化工作机构和工作机制，经济信息中心做好统筹协调、技术把控工作，商标局、商标评审委员会、商标审查协作中心设立专门信息化机构，加强信息化人员配备。加快商标信息化系统升级改造，全面提升信息化支撑能力，建立商标异地受理、审查、发文、发证等子系统，探索商标智能化检索，完善商标自动化系统安全监控，为切实落实商标注册便利化各项举措提供保障。

（二十）加强人才保障。努力推进商标审查审理队伍专业化建设，进一步充实审查评审人员力量，强化商标辅助人员的长效化管理和培训工作。通过干部交流、轮岗、培训等方式，努力建设一支政治强、业务精、作风正的高素质商标人才队伍。

（二十一）加强宣传引导。坚持正确的舆论导向，充分利用各种媒介，加大宣传力度，引导社会支持商标注册便利化改革，为改革营造良好的舆论氛围和社会环境。

（二十二）加强法治保障。根据商标注册便利化改革需要，积极推动《商标法》等法律法规的修订工作，大力开展总局规章、规范性文件的"立、改、废"工作，废止与改革不相适应的规定，及时把改革的成功经验和行之有效的举措上升为总局规章，为改革顺利实施提供法治保障。

工商总局

2016 年 7 月 14 日

工商总局关于深入实施商标品牌战略
推进中国品牌建设的意见

工商标字〔2017〕81号

各省、自治区、直辖市、计划单列市及副省级市工商和市场监督管理部门，总局机关各司局、直属单位：

2009年商标战略实施以来，我国商标工作取得了显著成效，实现了商标战略的阶段性目标。当前，我国经济发展进入新常态，党中央、国务院高度重视品牌工作，在《国家创新驱动发展战略纲要》《中国制造2025》《国务院关于新形势下加快知识产权强国建设的若干意见》《国务院办公厅关于发挥品牌引领作用推动供需结构升级的意见》《中共中央国务院关于完善产权保护制度依法保护产权的意见》等文件中，对品牌建设作出了一系列新的重大部署。在新形势下实施商标品牌战略，是对商标战略的深化和发展，是贯彻落实创新驱动发展战略的必然选择，是推动中国制造向中国创造转变、建设商标品牌强国的迫切要求，是引领供需结构升级的重要举措。为深入实施商标品牌战略，提出如下意见。

一、总体思路

深入实施商标品牌战略，要全面贯彻党的十八大和十八届三中、四中、五中、六中全会精神，统筹推进"五位一体"总体布局和协调推进"四个全面"战略布局，坚持创新、协调、绿色、开放、共享的发展理念，进一步理顺政府、企业和市场的关系，立足职能，优化服务，以深化商事制度改革为契机，以商标注册便利化改革为突破口，以商标品牌有效运用和依法保护为重点，以提升中国品牌竞争力为目标，创新商标品牌战略实施工作理念和举措，着力构建企业自主、市场主导、政府推动、行业促进和社会参与的实施商标品牌战略工作格局，推动实现中国产品向中国品牌转变，促进经济社会持续发展。

二、深化商标注册管理体制改革

（一）持续推进商标注册便利化。稳步提高我国企业注册商标平均拥有量，夯实品牌保护的法律基础。持续拓宽商标申请渠道，增设地方商标受理窗口，大力推行商标网上申请。不断提升商标注册服务水平，引导和推动商标业务办理电子收发文，推广使用电子注册证，为市场主体注册使用自主商标提供更多便利。及时研究修订商品和服务分类，完善更新可注册商品和服务项目。提升商标管理电子化水平和注册商标数据库在基层商标管理中的运用水平。

（二）加强商标注册体制机制建设。积极推进京外商标审查协作中心试点工作，及时推广试点经验，优化京外审查协作中心布局。修订公布《商标申请形式审查标准》和《商标审查审理标准》，积极推行商标独任审查制。探索推进初步裁定和合议环节"双随机"商标评审案件审理模式。

（三）完善商标确权程序。以诚实信用为原则，完善确权机制，在审查、异议、评审等环节加大驰名商标的保护力度。从严从快审理大规模恶意抢注商标案件，有效制止恶意抢注行为。探索完善商标与字号、域名等权利冲突的解决机制。

三、切实加强注册商标行政保护

（四）加大注册商标专用权保护力度。以驰名商标、地理标志、涉外商标、老字号注册商标为重点，加大商标行政保护力度。立足驰名商标制度立法本意，充分运用驰名商标保护手段加大对知名品牌合法权益的保护，引导企业通过诚实守信和公平竞争做大做强。严厉打击网络商标侵权假冒违法行为，推进线上线下一体化监管。加强对地方商标监管执法工作的指导和协调，制定出台商标行政执法指导意见，积极推动商标行政执法信息共享平台的有效应用，定期发布商标侵权假冒典型案例。推进统一市场监管框架下的知识产权综合管理执法，支持有条件的地方开展试点工作。

（五）推进商标监管规范化。加强商标信用监管，将因商标侵权假冒、违法商标代理行为受到行政处罚等信息纳入国家企业信用信息公示系统，形成对商标失信行为的协同监管和联合惩戒。实施商标

"双随机、一公开"监管，根据总局随机抽查事项清单，加强对商标违法行为的检查。有效利用抽查检查结果，积极探索实行风险分类监管。创新商标监管方式，充分利用大数据、云计算等现代信息化手段，探索实行"互联网+监管"模式，增强对商标违法行为线索的发现、收集和甄别能力。

（六）加强商标执法协作。加强工商和市场监管部门内部商标执法与竞争执法、消费者权益保护、市场监管、企业登记注册、企业监管、广告监管等各业务条线的协同配合，强化与公安、海关、质监等部门的执法协作，推进落实商标行政执法与刑事司法衔接机制，创新与行业协会、电商平台、中介组织合作机制。深入推动京津冀、长三角、泛珠三角地区、西部五省打击商标侵权假冒区域合作，积累经验并在全国推广。促进跨部门、跨区域商标执法信息共享，建立健全联席会议、线索通报、证据移转、案件协查等制度。

四、全面构建品牌培育服务体系

（七）规范发展商标品牌服务业。支持和鼓励商标品牌服务机构不断提升服务水平，在商标品牌设计、价值评估、注册代理、法律服务等环节有力支撑品牌发展。优化空间布局，形成一批商标品牌服务业集聚区。充分发挥商标代理机构在品牌建设中的作用，拓宽服务内容，提高服务能力。建立健全商标代理机构信用档案，完善执业信息披露制度，加强信用监管。发挥商标品牌服务行业组织作用，加强行业自律，制定服务标准，建立健全守信激励、失信惩戒工作机制。

（八）分类指导企业实施商标品牌战略。支持鼓励企业制定符合自身发展特点的商标品牌战略。出台企业商标品牌工作指南，分类指导企业实施商标品牌战略，健全商标品牌管理体系，发挥商标品牌引领作用，带动技术创新能力、产品和服务质量、市场营销水平、企业文化等全面协调发展，打造知名品牌，提升我国品牌在国际知名的品牌价值排行榜位次和上榜数量。

（九）提高企业商标品牌资产运用能力。积极拓宽融资渠道，推进地方注册商标质权登记申请受理点建设，帮助企业特别是中小微企业解决融资难题。引导企业开展商标品牌资本化运作，在企业并购、股权流转、对外投资等活动中，加强商标品牌资产评估管理。创新商标授权使用形式。进一步加强注册商标连续三年不使用撤销审查，促进注册商标使用。强化商标交易监管，加强交易规则和监管制度研究设计，切实规范商标交易行为，防止恶意抢注并转让牟利。

（十）开展商标品牌创业创新基地建设。统筹推进商标受理窗口、注册商标质权登记申请受理点等公共服务资源与地方发展相结合，建设商标品牌创业创新基地，发挥基地的辐射带动作用，有效促进产业集群、地理标志产业区、商标密集型产业集聚区、商标品牌服务业集聚区的品牌培育。

（十一）规范发展商标品牌价值评价体系。加强品牌商誉保护，完善商标产权评估制度，有效促进商标产权的运用与保护。支持中国商标品牌研究院等研究机构建立科学的商标品牌价值评价体系和标准，稳步开展商标品牌价值评价工作，发布《中国商标品牌价值排行榜》和《中国商标品牌发展报告》。

五、统筹推进产业区域品牌建设

（十二）加强部门行业协作。促进商标品牌政策与产业、科技、贸易政策等的衔接，推动商标品牌建设各支撑要素的协同发展。积极推进与产业、行业协会的合作，开展产业、行业商标品牌发展规划研究，结合行业发展特点引导行业商标品牌管理精细化。积极引导战略性新兴产业加强商标品牌培育和保护。推动中华老字号改革创新发展。

（十三）推进农业品牌化建设。坚持把提高质量效益作为主攻方向，向品牌经营要利润。加强对农民、农村经济组织和涉农企业的商标法律宣传，积极引导注册并依法规范使用农产品商标以及地理标志商标。适时开展地理标志资源调查工作，运用地理标志精准扶贫。及时总结推广"商标富农"工作经验，搭建交流平台，不断健全农业商标品牌建设工作机制，推动农业加快转变发展方式。大力推行"公司+商标品牌（地理标志）+农户"产业化经营模式，进一步提高农民进入市场的组织化程度。

（十四）提升制造业品牌建设水平。贯彻落实《中国制造2025》，按照大力发展先进制造业，改造提升传统产业，推动生产型制造向服务型制造转变的要求，加强自主品牌培育。健全集体商标、证明商标注册管理制度，推动产业集群品牌的注册和保护。研究制定产业集群品牌管理措施，打造一批特色鲜明、竞争力强、市场信誉好的产业集群区域品牌。推进制造业企业信用体系建设，建设中国制造信用数据库。

（十五）促进服务业品牌发展。在大力推进传统服务业以商标品牌为核心转型升级的基础上，以研发设计、信息、物流、商务、金融、会展、广告等现代服务业为重点，加强品牌建设，提升对生产的服务支撑能力。加快发展生活性服务业，推动服务业向高端发展。鼓励商业模式创新和业态创新，及时对新业态、新服务提供商标保护。

（十六）健全区域商标品牌培育制度。鼓励支持各地结合区域产业特色加强区域品牌培育，制定区域商标品牌发展规划。支持有条件的地区率先发展，开展商标品牌建设局（部）省战略合作。支持和指导地方建立科学有效的商标品牌工作评价体系。加快推动条件成熟的地区成立品牌指导站。推广品牌基地建设等成功经验，促进品牌经济与产业发展、区域发展深度融合，不断提高区域经济的综合竞争力。

六、大力开拓品牌发展国际空间

（十七）参与构建更加公平合理的商标领域国际规则体系。主动参与商标领域国际规则制定，提高我国商标领域的制度性话语权和影响力。积极参与多边双边自贸区商标领域规则谈判，为中国品牌"走出去"构建更加公平的国际营商环境。

（十八）加强商标品牌对外合作机制建设。加强与世界知识产权组织合作，开展"中国商标金奖"评选活动。深化同主要国家商标主管部门合作，积极参与商标五方会谈项目合作，进一步扩大与其他国家商标主管部门合作范围。探索建立"一带一路"沿线国家和地区商标案件协处机制，维护我国企业商标合法权益。推动国内行业协会、服务机构与国外相关组织合作交流，服务中国企业参与竞争。

（十九）支持企业运用商标品牌参与国际竞争。引导企业在实施"走出去"战略中"商标先行"，通过马德里商标国际注册等途径，加强商标海外布局规划，拓展商标海外布局渠道。稳步提升我国企业马德里商标国际注册数量。鼓励企业持自主商标品牌出口产品，加快培育以商标品牌为核心的国际竞争新优势。引导鼓励有条件的优势企业打造全球知名品牌，收购海外知名品牌，向全球价值链高端延伸。

（二十）助力企业提升商标品牌国际影响力。加大自主商标品牌海外宣传支持力度。鼓励企业持自主商标品牌参加中国国际商标品牌节和其他国际展会、博览会，拓展商标品牌国际营销渠道。支持企业创新"互联网+品牌"营销新模式，综合运用跨境电商、外贸综合服务平台等新兴业态，扩大中国品牌国际影响。

（二十一）健全企业商标海外维权协调机制。探索建立中国企业商标海外维权信息收集平台。进一步加大海外商标维权援助力度，利用多边双边会谈机制，适时提出诉求，协助企业解决海外商标注册与维权问题。指导企业建立商标海外侵权预警和应对制度，提升海外风险防控能力。提升中介机构商标海外维权法律服务水平。

七、组织实施和保障措施

（二十二）加强组织领导。国家工商总局商标战略实施领导小组更名为商标品牌战略实施领导小组，统筹协调商标品牌战略实施的全局性工作，指导、督促、检查政策措施的落实。各地要高度重视，健全工作机制，细化政策措施，结合实际研究制定具体实施方案和配套政策，加强向当地党委、政府的请示汇报和与相关部门的协调配合，确保各项措施有效落实。

（二十三）加强宣传引导。做好舆论宣传，及时宣传报道商标品牌战略实施工作的新进展、新成效，增强全社会的商标品牌意识，为深入实施商标品牌战略营造良好氛围。鼓励支持学术界教育界推出优秀商标品牌研究成果和普及读物。在中小学、高校、各级行政学院、社会主义学院开展树立商标品牌意识和创新意识的宣传活动。建设中国商标品牌网上博物馆。

（二十四）加强理论研究。设立中国商标品牌战略专家委员会，完善商标品牌战略决策咨询机制。根据商标品牌战略实施的需要，适时推动《商标法》等法律法规的修订。开展商标密集型产业的跟踪、研究与分析。推动中国商标品牌研究院等商标品牌理论研究平台发展，探索构建商标品牌对经济发展贡献率的指标体系。支持商标品牌领域的智库建设和交流。

（二十五）加强人才培养。加大对商标品牌管理人员、审查审理人员、一线执法人员和商标代理人员的培训力度。加快建设国家和各省商标品牌人才库和专业人才信息网络平台。支持高等院校有关专业开设商标品牌课程，培养商标品牌培育、运用、管理等专业人才。

（二十六）加强经费保障。建立商标品牌战略实施经费专项预算和拨付制度。加强商标战略实施项目经费的立项、评审、申报和绩效管理工作，保障战略实施工作的相关经费。

工商总局

2017 年 5 月 17 日

中华人民共和国专利法

中华人民共和国主席令

十一届第八号

《全国人民代表大会常务委员会关于修改〈中华人民共和国专利法〉的决定》已由中华人民共和国第十一届全国人民代表大会常务委员会第六次会议于 2008 年 12 月 27 日通过，现予公布，自 2009 年 10 月 1 日起施行。

中华人民共和国主席　胡锦涛

2008 年 12 月 27 日

（1984 年 3 月 12 日第六届全国人民代表大会常务委员会第四次会议通过；根据 1992 年 9 月 4 日第七届全国人民代表大会常务委员会第二十七次会议《关于修改〈中华人民共和国专利法〉的决定》第一次修正；根据 2000 年 8 月 25 日第九届全国人民代表大会常务委员会第十七次会议《关于修改〈中华人民共和国专利法〉的决定》第二次修正；根据 2008 年 12 月 27 日第十一届全国人民代表大会常务委员会第六次会议《关于修改〈中华人民共和国专利法〉的决定》第三次修正）

第一章 总 则

第一条 为了保护专利权人的合法权益，鼓励发明创造，推动发明创造的应用，提高创新能力，促进科学技术进步和经济社会发展，制定本法。

第二条 本法所称的发明创造是指发明、实用新型和外观设计。

发明，是指对产品、方法或者其改进所提出的新的技术方案。

实用新型，是指对产品的形状、构造或者其结合所提出的适于实用的新的技术方案。

外观设计，是指对产品的形状、图案或者其结合以及色彩与形状、图案的结合所作出的富有美感并适于工业应用的新设计。

第三条 国务院专利行政部门负责管理全国的专利工作；统一受理和审查专利申请，依法授予专利权。

省、自治区、直辖市人民政府管理专利工作的部门负责本行政区域内的专利管理工作。

第四条 申请专利的发明创造涉及国家安全或者重大利益需要保密的，按照国家有关规定办理。

第五条 对违反法律、社会公德或者妨害公共利益的发明创造，不授予专利权。

对违反法律、行政法规的规定获取或者利用遗传资源，并依赖该遗传资源完成的发明创造，不授予专利权。

第六条 执行本单位的任务或者主要是利用本单位的物质技术条件所完成的发明创造为职务发明创造。职务发明创造申请专利的权利属于该单位；申请被批准后，该单位为专利权人。

非职务发明创造，申请专利的权利属于发明人或者设计人；申请被批准后，该发明人或者设计人为专利权人。

利用本单位的物质技术条件所完成的发明创造，单位与发明人或者设计人订有合同，对申请专利的权利和专利权的归属作出约定的，从其约定。

第七条 对发明人或者设计人的非职务发明创造专利申请，任何单位或者个人不得压制。

第八条 两个以上单位或者个人合作完成的发明创造、一个单位或者个人接受其他单位或者个人委托所完成的发明创造，除另有协议的以外，申请专利的权利属于完成或者共同完成的单位或者个人；申请被批准后，申请的单位或者个人为专利权人。

第九条 同样的发明创造只能授予一项专利权。但是，同一申请人同日对同样的发明创造既申请实用新型专利又申请发明专利，先获得的实用新型专利权尚未终止，且申请人声明放弃该实用新型专利权的，可以授予发明专利权。

两个以上的申请人分别就同样的发明创造申请专利的，专利权授予最先申请的人。

第十条 专利申请权和专利权可以转让。

中国单位或者个人向外国人、外国企业或者外国其他组织转让专利申请权或者专利权的，应当依照有关法律、行政法规的规定办理手续。

转让专利申请权或者专利权的，当事人应当订立书面合同，并向国务院专利行政部门登记，由国务院专利行政部门予以公告。专利申请权或者专利权的转让自登记之日起生效。

第十一条 发明和实用新型专利权被授予后，除本法另有规定的以外，任何单位或者个人未经专利权人许可，都不得实施其专利，即不得为生产经营目的制造、使用、许诺销售、销售、进口其专利产品，或者使用其专利方法以及使用、许诺销售、销售、进口依照该专利方法直接获得的产品。

外观设计专利权被授予后，任何单位或者个人未经专利权人许可，都不得实施其专利，即不得为生产经营目的制造、许诺销售、销售、进口其外观设计专利产品。

第十二条 任何单位或者个人实施他人专利的，应当与专利权人订立实施许可合同，向专利权人支付专利使用费。被许可人无权允许合同规定以外的任何单位或者个人实施该专利。

第十三条　发明专利申请公布后，申请人可以要求实施其发明的单位或者个人支付适当的费用。

第十四条　国有企业事业单位的发明专利，对国家利益或者公共利益具有重大意义的，国务院有关主管部门和省、自治区、直辖市人民政府报经国务院批准，可以决定在批准的范围内推广应用，允许指定的单位实施，由实施单位按照国家规定向专利权人支付使用费。

第十五条　专利申请权或者专利权的共有人对权利的行使有约定的，从其约定。没有约定的，共有人可以单独实施或者以普通许可方式许可他人实施该专利；许可他人实施该专利的，收取的使用费应当在共有人之间分配。

除前款规定的情形外，行使共有的专利申请权或者专利权应当取得全体共有人的同意。

第十六条　被授予专利权的单位应当对职务发明创造的发明人或者设计人给予奖励；发明创造专利实施后，根据其推广应用的范围和取得的经济效益，对发明人或者设计人给予合理的报酬。

第十七条　发明人或者设计人有权在专利文件中写明自己是发明人或者设计人。

专利权人有权在其专利产品或者该产品的包装上标明专利标识。

第十八条　在中国没有经常居所或者营业所的外国人、外国企业或者外国其他组织在中国申请专利的，依照其所属国同中国签订的协议或者共同参加的国际条约，或者依照互惠原则，根据本法办理。

第十九条　在中国没有经常居所或者营业所的外国人、外国企业或者外国其他组织在中国申请专利和办理其他专利事务的，应当委托依法设立的专利代理机构办理。

中国单位或者个人在国内申请专利和办理其他专利事务的，可以委托依法设立的专利代理机构办理。

专利代理机构应当遵守法律、行政法规，按照被代理人的委托办理专利申请或者其他专利事务；对被代理人发明创造的内容，除专利申请已经公布或者公告的以外，负有保密责任。专利代理机构的具体管理办法由国务院规定。

第二十条 任何单位或者个人将在中国完成的发明或者实用新型向外国申请专利的，应当事先报经国务院专利行政部门进行保密审查。保密审查的程序、期限等按照国务院的规定执行。

中国单位或者个人可以根据中华人民共和国参加的有关国际条约提出专利国际申请。申请人提出专利国际申请的，应当遵守前款规定。

国务院专利行政部门依照中华人民共和国参加的有关国际条约、本法和国务院有关规定处理专利国际申请。

对违反本条第一款规定向外国申请专利的发明或者实用新型，在中国申请专利的，不授予专利权。

第二十一条 国务院专利行政部门及其专利复审委员会应当按照客观、公正、准确、及时的要求，依法处理有关专利的申请和请求。

国务院专利行政部门应当完整、准确、及时发布专利信息，定期出版专利公报。

在专利申请公布或者公告前，国务院专利行政部门的工作人员及有关人员对其内容负有保密责任。

第二章　授予专利权的条件

第二十二条 授予专利权的发明和实用新型，应当具备新颖性、创造性和实用性。

新颖性，是指该发明或者实用新型不属于现有技术；也没有任何单位或者个人就同样的发明或者实用新型在申请日以前向国务院专利行政部门提出过申请，并记载在申请日以后公布的专利申请文件或者公告的专利文件中。

创造性，是指与现有技术相比，该发明具有突出的实质性特点和显著的进步，该实用新型具有实质性特点和进步。

实用性，是指该发明或者实用新型能够制造或者使用，并且能够产生积极效果。

本法所称现有技术，是指申请日以前在国内外为公众所知的技术。

第二十三条 授予专利权的外观设计，应当不属于现有设计；也没有任何单位或者个人就同样的外观设计在申请日以前向国务院专利行政部门提出过申请，并记载在申请日以后公告的专利文件中。

授予专利权的外观设计与现有设计或者现有设计特征的组合相比，应当具有明显区别。

授予专利权的外观设计不得与他人在申请日以前已经取得的合法权利相冲突。

本法所称现有设计，是指申请日以前在国内外为公众所知的设计。

第二十四条 申请专利的发明创造在申请日以前六个月内，有下列情形之一的，不丧失新颖性：

（一）在中国政府主办或者承认的国际展览会上首次展出的；

（二）在规定的学术会议或者技术会议上首次发表的；

（三）他人未经申请人同意而泄露其内容的。

第二十五条 对下列各项，不授予专利权：

（一）科学发现；

（二）智力活动的规则和方法；

（三）疾病的诊断和治疗方法；

（四）动物和植物品种；

（五）用原子核变换方法获得的物质；

（六）对平面印刷品的图案、色彩或者二者的结合作出的主要起标识作用的设计。

对前款第（四）项所列产品的生产方法，可以依照本法规定授予专利权。

第三章　专利的申请

第二十六条 申请发明或者实用新型专利的，应当提交请求书、说明书及其摘要和权利要求书等文件。

请求书应当写明发明或者实用新型的名称，发明人的姓名，申请人姓名或者名称、地址，以及其他事项。

说明书应当对发明或者实用新型作出清楚、完整的说明，以所属技术领域的技术人员能够实现为准；必要的时候，应当有附图。摘要应当简要说明发明或者实用新型的技术要点。

权利要求书应当以说明书为依据，清楚、简要地限定要求专利保护的范围。

依赖遗传资源完成的发明创造，申请人应当在专利申请文件中说明该遗传资源的直接来源和原始来源；申请人无法说明原始来源的，应当陈述理由。

第二十七条 申请外观设计专利的，应当提交请求书、该外观设计的图片或者照片以及对该外观设计的简要说明等文件。

申请人提交的有关图片或者照片应当清楚地显示要求专利保护的产品的外观设计。

第二十八条 国务院专利行政部门收到专利申请文件之日为申请日。如果申请文件是邮寄的，以寄出的邮戳日为申请日。

第二十九条 申请人自发明或者实用新型在外国第一次提出专利申请之日起十二个月内，或者自外观设计在外国第一次提出专利申请之日起六个月内，又在中国就相同主题提出专利申请的，依照该外国同中国签订的协议或者共同参加的国际条约，或者依照相互承认优先权的原则，可以享有优先权。

申请人自发明或者实用新型在中国第一次提出专利申请之日起十二个月内，又向国务院专利行政部门就相同主题提出专利申请的，可以享有优先权。

第三十条 申请人要求优先权的，应当在申请的时候提出书面声明，并且在三个月内提交第一次提出的专利申请文件的副本；未提出书面声明或者逾期未提交专利申请文件副本的，视为未要求优先权。

第三十一条 一件发明或者实用新型专利申请应当限于一项发明或者实用新型。属于一个总的发明构思的两项以上的发明或者实用新型，可以作为一件申请提出。

一件外观设计专利申请应当限于一项外观设计。同一产品两项以上的相似外观设计，或者用于同一类别并且成套出售或者使用的产品的两项以上外观设计，可以作为一件申请提出。

第三十二条　申请人可以在被授予专利权之前随时撤回其专利申请。

第三十三条　申请人可以对其专利申请文件进行修改，但是，对发明和实用新型专利申请文件的修改不得超出原说明书和权利要求书记载的范围，对外观设计专利申请文件的修改不得超出原图片或者照片表示的范围。

第四章　专利申请的审查和批准

第三十四条　国务院专利行政部门收到发明专利申请后，经初步审查认为符合本法要求的，自申请日起满十八个月，即行公布。国务院专利行政部门可以根据申请人的请求早日公布其申请。

第三十五条　发明专利申请自申请日起三年内，国务院专利行政部门可以根据申请人随时提出的请求，对其申请进行实质审查；申请人无正当理由逾期不请求实质审查的，该申请即被视为撤回。

国务院专利行政部门认为必要的时候，可以自行对发明专利申请进行实质审查。

第三十六条　发明专利的申请人请求实质审查的时候，应当提交在申请日前与其发明有关的参考资料。

发明专利已经在外国提出过申请的，国务院专利行政部门可以要求申请人在指定期限内提交该国为审查其申请进行检索的资料或者审查结果的资料；无正当理由逾期不提交的，该申请即被视为撤回。

第三十七条　国务院专利行政部门对发明专利申请进行实质审查后，认为不符合本法规定的，应当通知申请人，要求其在指定的期限内陈述意见，或者对其申请进行修改；无正当理由逾期不答复的，该申请即被视为撤回。

第三十八条　发明专利申请经申请人陈述意见或者进行修改后，国务院专利行政部门仍然认为不符合本法规定的，应当予以驳回。

第三十九条　发明专利申请经实质审查没有发现驳回理由的，由国务院专利行政部门作出授予发明专利权的决定，发给发明专利证书，同时予以登记和公告。发明专利权自公告之日起生效。

第四十条　实用新型和外观设计专利申请经初步审查没有发现驳回理由的，由国务院专利行政部门作出授予实用新型专利权或者外观设计专利权的决定，发给相应的专利证书，同时予以登记和公告。实用新型专利权和外观设计专利权自公告之日起生效。

第四十一条　国务院专利行政部门设立专利复审委员会。专利申请人对国务院专利行政部门驳回申请的决定不服的，可以自收到通知之日起三个月内，向专利复审委员会请求复审。专利复审委员会复审后，作出决定，并通知专利申请人。

专利申请人对专利复审委员会的复审决定不服的，可以自收到通知之日起三个月内向人民法院起诉。

第五章　专利权的期限、终止和无效

第四十二条　发明专利权的期限为二十年，实用新型专利权和外观设计专利权的期限为十年，均自申请日起计算。

第四十三条　专利权人应当自被授予专利权的当年开始缴纳年费。

第四十四条　有下列情形之一的，专利权在期限届满前终止：

（一）没有按照规定缴纳年费的；

（二）专利权人以书面声明放弃其专利权的。

专利权在期限届满前终止的，由国务院专利行政部门登记和公告。

第四十五条　自国务院专利行政部门公告授予专利权之日起，任何单位或者个人认为该专利权的授予不符合本法有关规定的，可以请求专利复审委员会宣告该专利权无效。

第四十六条　专利复审委员会对宣告专利权无效的请求应当及时审查和作出决定，并通知请求人和专利权人。宣告专利权无效的决定，由国务院专利行政部门登记和公告。

对专利复审委员会宣告专利权无效或者维持专利权的决定不服的，可以自收到通知之日起三个月内向人民法院起诉。人民法院应当通知无效宣告请求程序的对方当事人作为第三人参加诉讼。

第四十七条 宣告无效的专利权视为自始即不存在。

宣告专利权无效的决定，对在宣告专利权无效前人民法院作出并已执行的专利侵权的判决、调解书，已经履行或者强制执行的专利侵权纠纷处理决定，以及已经履行的专利实施许可合同和专利权转让合同，不具有追溯力。但是因专利权人的恶意给他人造成的损失，应当给予赔偿。

依照前款规定不返还专利侵权赔偿金、专利使用费、专利权转让费，明显违反公平原则的，应当全部或者部分返还。

第六章　专利实施的强制许可

第四十八条 有下列情形之一的，国务院专利行政部门根据具备实施条件的单位或者个人的申请，可以给予实施发明专利或者实用新型专利的强制许可：

（一）专利权人自专利权被授予之日起满三年，且自提出专利申请之日起满四年，无正当理由未实施或者未充分实施其专利的；

（二）专利权人行使专利权的行为被依法认定为垄断行为，为消除或者减少该行为对竞争产生的不利影响的。

第四十九条 在国家出现紧急状态或者非常情况时，或者为了公共利益的目的，国务院专利行政部门可以给予实施发明专利或者实用新型专利的强制许可。

第五十条 为了公共健康目的，对取得专利权的药品，国务院专利行政部门可以给予制造并将其出口到符合中华人民共和国参加的有关国际条约规定的国家或者地区的强制许可。

第五十一条 一项取得专利权的发明或者实用新型比前已经取得专利权的发明或者实用新型具有显著经济意义的重大技术进步，其实施又有赖于前一发明或者实用新型的实施的，国务院专利行政部门根据后一专利权人的申请，可以给予实施前一发明或者实用新型的强制许可。

在依照前款规定给予实施强制许可的情形下，国务院专利行政部门根据前一专利权人的申请，也可以给予实施后一发明或者实用新型的强制许可。

第五十二条 强制许可涉及的发明创造为半导体技术的，其实施限于公共利益的目的和本法第四十八条第（二）项规定的情形。

第五十三条 除依照本法第四十八条第（二）项、第五十条规定给予的强制许可外，强制许可的实施应当主要为了供应国内市场。

第五十四条 依照本法第四十八条第（一）项、第五十一条规定申请强制许可的单位或者个人应当提供证据，证明其以合理的条件请求专利权人许可其实施专利，但未能在合理的时间内获得许可。

第五十五条 国务院专利行政部门作出的给予实施强制许可的决定，应当及时通知专利权人，并予以登记和公告。

给予实施强制许可的决定，应当根据强制许可的理由规定实施的范围和时间。强制许可的理由消除并不再发生时，国务院专利行政部门应当根据专利权人的请求，经审查后作出终止实施强制许可的决定。

第五十六条 取得实施强制许可的单位或者个人不享有独占的实施权，并且无权允许他人实施。

第五十七条 取得实施强制许可的单位或者个人应当付给专利权人合理的使用费，或者依照中华人民共和国参加的有关国际条约的规定处理使用费问题。付给使用费的，其数额由双方协商；双方不能达成协议的，由国务院专利行政部门裁决。

第五十八条 专利权人对国务院专利行政部门关于实施强制许可的决定不服的，专利权人和取得实施强制许可的单位或者个人对国务院专利行政部门关于实施强制许可的使用费的裁决不服的，可以自收到通知之日起三个月内向人民法院起诉。

第七章 专利权的保护

第五十九条 发明或者实用新型专利权的保护范围以其权利要求的内容为准，说明书及附图可以用于解释权利要求的内容。

外观设计专利权的保护范围以表示在图片或者照片中的该产品的

外观设计为准，简要说明可以用于解释图片或者照片所表示的该产品的外观设计。

第六十条 未经专利权人许可，实施其专利，即侵犯其专利权，引起纠纷的，由当事人协商解决；不愿协商或者协商不成的，专利权人或者利害关系人可以向人民法院起诉，也可以请求管理专利工作的部门处理。管理专利工作的部门处理时，认定侵权行为成立的，可以责令侵权人立即停止侵权行为，当事人不服的，可以自收到处理通知之日起十五日内依照《中华人民共和国行政诉讼法》向人民法院起诉；侵权人期满不起诉又不停止侵权行为的，管理专利工作的部门可以申请人民法院强制执行。进行处理的管理专利工作的部门应当事人的请求，可以就侵犯专利权的赔偿数额进行调解；调解不成的，当事人可以依照《中华人民共和国民事诉讼法》向人民法院起诉。

第六十一条 专利侵权纠纷涉及新产品制造方法的发明专利的，制造同样产品的单位或者个人应当提供其产品制造方法不同于专利方法的证明。

专利侵权纠纷涉及实用新型专利或者外观设计专利的，人民法院或者管理专利工作的部门可以要求专利权人或者利害关系人出具由国务院专利行政部门对相关实用新型或者外观设计进行检索、分析和评价后作出的专利权评价报告，作为审理、处理专利侵权纠纷的证据。

第六十二条 在专利侵权纠纷中，被控侵权人有证据证明其实施的技术或者设计属于现有技术或者现有设计的，不构成侵犯专利权。

第六十三条 假冒专利的，除依法承担民事责任外，由管理专利工作的部门责令改正并予公告，没收违法所得，可以并处违法所得四倍以下的罚款；没有违法所得的，可以处二十万元以下的罚款；构成犯罪的，依法追究刑事责任。

第六十四条 管理专利工作的部门根据已经取得的证据，对涉嫌假冒专利行为进行查处时，可以询问有关当事人，调查与涉嫌违法行为有关的情况；对当事人涉嫌违法行为的场所实施现场检查；查阅、复制与涉嫌违法行为有关的合同、发票、账簿以及其他有关资料；检查与涉嫌违法行为有关的产品，对有证据证明是假冒专利的产品，可以查封或者扣押。

管理专利工作的部门依法行使前款规定的职权时，当事人应当予以协助、配合，不得拒绝、阻挠。

第六十五条 侵犯专利权的赔偿数额按照权利人因被侵权所受到的实际损失确定；实际损失难以确定的，可以按照侵权人因侵权所获得的利益确定。权利人的损失或者侵权人获得的利益难以确定的，参照该专利许可使用费的倍数合理确定。赔偿数额还应当包括权利人为制止侵权行为所支付的合理开支。

权利人的损失、侵权人获得的利益和专利许可使用费均难以确定的，人民法院可以根据专利权的类型、侵权行为的性质和情节等因素，确定给予一万元以上一百万元以下的赔偿。

第六十六条 专利权人或者利害关系人有证据证明他人正在实施或者即将实施侵犯专利权的行为，如不及时制止将会使其合法权益受到难以弥补的损害的，可以在起诉前向人民法院申请采取责令停止有关行为的措施。

申请人提出申请时，应当提供担保；不提供担保的，驳回申请。

人民法院应当自接受申请之时起四十八小时内作出裁定；有特殊情况需要延长的，可以延长四十八小时。裁定责令停止有关行为的，应当立即执行。当事人对裁定不服的，可以申请复议一次；复议期间不停止裁定的执行。

申请人自人民法院采取责令停止有关行为的措施之日起十五日内不起诉的，人民法院应当解除该措施。

申请有错误的，申请人应当赔偿被申请人因停止有关行为所遭受的损失。

第六十七条 为了制止专利侵权行为，在证据可能灭失或者以后难以取得的情况下，专利权人或者利害关系人可以在起诉前向人民法院申请保全证据。

人民法院采取保全措施，可以责令申请人提供担保；申请人不提供担保的，驳回申请。

人民法院应当自接受申请之时起四十八小时内作出裁定；裁定采

取保全措施的，应当立即执行。

申请人自人民法院采取保全措施之日起十五日内不起诉的，人民法院应当解除该措施。

第六十八条 侵犯专利权的诉讼时效为二年，自专利权人或者利害关系人得知或者应当得知侵权行为之日起计算。

发明专利申请公布后至专利权授予前使用该发明未支付适当使用费的，专利权人要求支付使用费的诉讼时效为二年，自专利权人得知或者应当得知他人使用其发明之日起计算，但是，专利权人于专利权授予之日前即已得知或者应当得知的，自专利权授予之日起计算。

第六十九条 有下列情形之一的，不视为侵犯专利权：

（一）专利产品或者依照专利方法直接获得的产品，由专利权人或者经其许可的单位、个人售出后，使用、许诺销售、销售、进口该产品的；

（二）在专利申请日前已经制造相同产品、使用相同方法或者已经作好制造、使用的必要准备，并且仅在原有范围内继续制造、使用的；

（三）临时通过中国领陆、领水、领空的外国运输工具，依照其所属国同中国签订的协议或者共同参加的国际条约，或者依照互惠原则，为运输工具自身需要而在其装置和设备中使用有关专利的；

（四）专为科学研究和实验而使用有关专利的；

（五）为提供行政审批所需要的信息，制造、使用、进口专利药品或者专利医疗器械的，以及专门为其制造、进口专利药品或者专利医疗器械的。

第七十条 为生产经营目的使用、许诺销售或者销售不知道是未经专利权人许可而制造并售出的专利侵权产品，能证明该产品合法来源的，不承担赔偿责任。

第七十一条 违反本法第二十条规定向外国申请专利，泄露国家秘密的，由所在单位或者上级主管机关给予行政处分；构成犯罪的，依法追究刑事责任。

第七十二条 侵夺发明人或者设计人的非职务发明创造专利申请权

和本法规定的其他权益的，由所在单位或者上级主管机关给予行政处分。

第七十三条 管理专利工作的部门不得参与向社会推荐专利产品等经营活动。

管理专利工作的部门违反前款规定的，由其上级机关或者监察机关责令改正，消除影响，有违法收入的予以没收；情节严重的，对直接负责的主管人员和其他直接责任人员依法给予行政处分。

第七十四条 从事专利管理工作的国家机关工作人员以及其他有关国家机关工作人员玩忽职守、滥用职权、徇私舞弊，构成犯罪的，依法追究刑事责任；尚不构成犯罪的，依法给予行政处分。

第八章　附　　则

第七十五条 向国务院专利行政部门申请专利和办理其他手续，应当按照规定缴纳费用。

第七十六条 本法自 1985 年 4 月 1 日起施行。

中华人民共和国专利法实施细则

中华人民共和国国务院令

第 569 号

《国务院关于修改〈中华人民共和国专利法实施细则〉的决定》已经 2009 年 12 月 30 日国务院第 95 次常务会议通过，现予公布，自 2010 年 2 月 1 日起施行。

总理　温家宝
二○一○年一月九日

（2001 年 6 月 15 日中华人民共和国国务院令第 306 号公布；根据 2002 年 12 月 28 日《国务院关于修改〈中华人民共和国专利法实施细则〉的决定》第一次修订；根据 2010 年 1 月 9 日《国务院关于修改〈中华人民共和国专利法实施细则〉的决定》第二次修订）

第一章　总　　则

第一条　根据《中华人民共和国专利法》（以下简称专利法），制定本细则。

第二条 专利法和本细则规定的各种手续，应当以书面形式或者国务院专利行政部门规定的其他形式办理。

第三条 依照专利法和本细则规定提交的各种文件应当使用中文；国家有统一规定的科技术语的，应当采用规范词；外国人名、地名和科技术语没有统一中文译文的，应当注明原文。

依照专利法和本细则规定提交的各种证件和证明文件是外文的，国务院专利行政部门认为必要时，可以要求当事人在指定期限内附送中文译文；期满未附送的，视为未提交该证件和证明文件。

第四条 向国务院专利行政部门邮寄的各种文件，以寄出的邮戳日为递交日；邮戳日不清晰的，除当事人能够提出证明外，以国务院专利行政部门收到日为递交日。

国务院专利行政部门的各种文件，可以通过邮寄、直接送交或者其他方式送达当事人。当事人委托专利代理机构的，文件送交专利代理机构；未委托专利代理机构的，文件送交请求书中指明的联系人。

国务院专利行政部门邮寄的各种文件，自文件发出之日起满 15 日，推定为当事人收到文件之日。

根据国务院专利行政部门规定应当直接送交的文件，以交付日为送达日。

文件送交地址不清，无法邮寄的，可以通过公告的方式送达当事人。自公告之日起满 1 个月，该文件视为已经送达。

第五条 专利法和本细则规定的各种期限的第一日不计算在期限内。期限以年或者月计算的，以其最后一月的相应日为期限届满日；该月无相应日的，以该月最后一日为期限届满日；期限届满日是法定休假日的，以休假日后的第一个工作日为期限届满日。

第六条 当事人因不可抗拒的事由而延误专利法或者本细则规定的期限或者国务院专利行政部门指定的期限，导致其权利丧失的，自障碍消除之日起 2 个月内，最迟自期限届满之日起 2 年内，可以向国务院专利行政部门请求恢复权利。

除前款规定的情形外，当事人因其他正当理由延误专利法或者本细则规定的期限或者国务院专利行政部门指定的期限，导致其权利丧失的，可以自收到国务院专利行政部门的通知之日起 2 个月内向国务院专利行政部门请求恢复权利。

当事人依照本条第一款或者第二款的规定请求恢复权利的，应当提交恢复权利请求书，说明理由，必要时附具有关证明文件，并办理权利丧失前应当办理的相应手续；依照本条第二款的规定请求恢复权利的，还应当缴纳恢复权利请求费。

当事人请求延长国务院专利行政部门指定的期限的，应当在期限届满前，向国务院专利行政部门说明理由并办理有关手续。

本条第一款和第二款的规定不适用专利法第二十四条、第二十九条、第四十二条、第六十八条规定的期限。

第七条 专利申请涉及国防利益需要保密的，由国防专利机构受理并进行审查；国务院专利行政部门受理的专利申请涉及国防利益需要保密的，应当及时移交国防专利机构进行审查。经国防专利机构审查没有发现驳回理由的，由国务院专利行政部门作出授予国防专利权的决定。

国务院专利行政部门认为其受理的发明或者实用新型专利申请涉及国防利益以外的国家安全或者重大利益需要保密的，应当及时作出按照保密专利申请处理的决定，并通知申请人。保密专利申请的审查、复审以及保密专利权无效宣告的特殊程序，由国务院专利行政部门规定。

第八条 专利法第二十条所称在中国完成的发明或者实用新型，是指技术方案的实质性内容在中国境内完成的发明或者实用新型。

任何单位或者个人将在中国完成的发明或者实用新型向外国申请专利的，应当按照下列方式之一请求国务院专利行政部门进行保密审查：

（一）直接向外国申请专利或者向有关国外机构提交专利国际申请的，应当事先向国务院专利行政部门提出请求，并详细说明其技术方案；

（二）向国务院专利行政部门申请专利后拟向外国申请专利或者向有关国外机构提交专利国际申请的，应当在向外国申请专利或者向有关国外机构提交专利国际申请前向国务院专利行政部门提出请求。

向国务院专利行政部门提交专利国际申请的，视为同时提出了保密审查请求。

第九条 国务院专利行政部门收到依照本细则第八条规定递交的请求后，经过审查认为该发明或者实用新型可能涉及国家安全或者重大利益需要保密的，应当及时向申请人发出保密审查通知；申请人未在其请求递交日起4个月内收到保密审查通知的，可以就该发明或者实用新型向外国申请专利或者有关国外机构提交专利国际申请。

国务院专利行政部门依照前款规定通知进行保密审查的，应当及时作出是否需要保密的决定，并通知申请人。申请人未在其请求递交日起6个月内收到需要保密的决定的，可以就该发明或者实用新型向外国申请专利或者向有关国外机构提交专利国际申请。

第十条 专利法第五条所称违反法律的发明创造，不包括仅其实施为法律所禁止的发明创造。

第十一条 除专利法第二十八条和第四十二条规定的情形外，专利法所称申请日，有优先权的，指优先权日。

本细则所称申请日，除另有规定的外，是指专利法第二十八条规定的申请日。

第十二条 专利法第六条所称执行本单位的任务所完成的职务发明创造，是指：

（一）在本职工作中作出的发明创造；

（二）履行本单位交付的本职工作之外的任务所作出的发明创造；

（三）退休、调离原单位后或者劳动、人事关系终止后1年内作出的，与其在原单位承担的本职工作或者原单位分配的任务有关的发明创造。

专利法第六条所称本单位，包括临时工作单位；专利法第六条所称本单位的物质技术条件，是指本单位的资金、设备、零部件、原材料或者不对外公开的技术资料等。

第十三条 专利法所称发明人或者设计人，是指对发明创造的实质性特点作出创造性贡献的人。在完成发明创造过程中，只负责组织工作的人、为物质技术条件的利用提供方便的人或者从事其他辅助工作的人，不是发明人或者设计人。

第十四条 除依照专利法第十条规定转让专利权外，专利权因其他事由发生转移的，当事人应当凭有关证明文件或者法律文书向国务院专利行政部门办理专利权转移手续。

专利权人与他人订立的专利实施许可合同，应当自合同生效之日起3个月内向国务院专利行政部门备案。

以专利权出质的，由出质人和质权人共同向国务院专利行政部门办理出质登记。

第二章　专利的申请

第十五条 以书面形式申请专利的，应当向国务院专利行政部门提交申请文件一式两份。

以国务院专利行政部门规定的其他形式申请专利的，应当符合规定的要求。

申请人委托专利代理机构向国务院专利行政部门申请专利和办理其他专利事务的，应当同时提交委托书，写明委托权限。

申请人有2人以上且未委托专利代理机构的，除请求书中另有声明的外，以请求书中指明的第一申请人为代表人。

第十六条 发明、实用新型或者外观设计专利申请的请求书应当写明下列事项：

（一）发明、实用新型或者外观设计的名称；

（二）申请人是中国单位或者个人的，其名称或者姓名、地址、邮政编码、组织机构代码或者居民身份证件号码；申请人是外国人、外国企业或者外国其他组织的，其姓名或者名称、国籍或者注册的国家或者地区；

（三）发明人或者设计人的姓名；

（四）申请人委托专利代理机构的，受托机构的名称、机构代码以及该机构指定的专利代理人的姓名、执业证号码、联系电话；

（五）要求优先权的，申请人第一次提出专利申请（以下简称在先申请）的申请日、申请号以及原受理机构的名称；

（六）申请人或者专利代理机构的签字或者盖章；

（七）申请文件清单；

（八）附加文件清单；

（九）其他需要写明的有关事项。

第十七条 发明或者实用新型专利申请的说明书应当写明发明或者实用新型的名称，该名称应当与请求书中的名称一致。说明书应当包括下列内容：

（一）技术领域：写明要求保护的技术方案所属的技术领域；

（二）背景技术：写明对发明或者实用新型的理解、检索、审查有用的背景技术；有可能的，并引证反映这些背景技术的文件；

（三）发明内容：写明发明或者实用新型所要解决的技术问题以及解决其技术问题采用的技术方案，并对照现有技术写明发明或者实用新型的有益效果；

（四）附图说明：说明书有附图的，对各幅附图作简略说明；

（五）具体实施方式：详细写明申请人认为实现发明或者实用新型的优选方式；必要时，举例说明；有附图的，对照附图。

发明或者实用新型专利申请人应当按照前款规定的方式和顺序撰写说明书，并在说明书每一部分前面写明标题，除非其发明或者实用新型的性质用其他方式或者顺序撰写能节约说明书的篇幅并使他人能够准确理解其发明或者实用新型。

发明或者实用新型说明书应当用词规范、语句清楚，并不得使用"如权利要求……所述的……"一类的引用语，也不得使用商业性宣传用语。

发明专利申请包含一个或者多个核苷酸或者氨基酸序列的，说明书应当包括符合国务院专利行政部门规定的序列表。申请人应当将该序列表作为说明书的一个单独部分提交，并按照国务院专利行政部门的规定提交该序列表的计算机可读形式的副本。

实用新型专利申请说明书应当有表示要求保护的产品的形状、构造或者其结合的附图。

第十八条 发明或者实用新型的几幅附图应当按照"图1，图2，……"顺序编号排列。

发明或者实用新型说明书文字部分中未提及的附图标记不得在附图中出现，附图中未出现的附图标记不得在说明书文字部分中提及。申请文件中表示同一组成部分的附图标记应当一致。

附图中除必需的词语外，不应当含有其他注释。

第十九条 权利要求书应当记载发明或者实用新型的技术特征。

权利要求书有几项权利要求的，应当用阿拉伯数字顺序编号。

权利要求书中使用的科技术语应当与说明书中使用的科技术语一致，可以有化学式或者数学式，但是不得有插图。除绝对必要的外，不得使用"如说明书……部分所述"或者"如图……所示"的用语。

权利要求中的技术特征可以引用说明书附图中相应的标记，该标记应当放在相应的技术特征后并置于括号内，便于理解权利要求。附图标记不得解释为对权利要求的限制。

第二十条 权利要求书应当有独立权利要求，也可以有从属权利要求。

独立权利要求应当从整体上反映发明或者实用新型的技术方案，记载解决技术问题的必要技术特征。

从属权利要求应当用附加的技术特征，对引用的权利要求作进一步限定。

第二十一条 发明或者实用新型的独立权利要求应当包括前序部分和特征部分，按照下列规定撰写：

（一）前序部分：写明要求保护的发明或者实用新型技术方案的主题名称和发明或者实用新型主题与最接近的现有技术共有的必要技术特征；

（二）特征部分：使用"其特征是……"或者类似的用语，写明发明或者实用新型区别于最接近的现有技术的技术特征。这些特征和前序部分写明的特征合在一起，限定发明或者实用新型要求保护的范围。

发明或者实用新型的性质不适于用前款方式表达的，独立权利要求可以用其他方式撰写。

一项发明或者实用新型应当只有一个独立权利要求，并写在同一发明或者实用新型的从属权利要求之前。

第二十二条 发明或者实用新型的从属权利要求应当包括引用部分和限定部分，按照下列规定撰写：

（一）引用部分：写明引用的权利要求的编号及其主题名称；

（二）限定部分：写明发明或者实用新型附加的技术特征。

从属权利要求只能引用在前的权利要求。引用两项以上权利要求的多项从属权利要求，只能以择一方式引用在前的权利要求，并不得作为另一项多项从属权利要求的基础。

第二十三条 说明书摘要应当写明发明或者实用新型专利申请所公开内容的概要，即写明发明或者实用新型的名称和所属技术领域，并清楚地反映所要解决的技术问题、解决该问题的技术方案的要点以及主要用途。

说明书摘要可以包含最能说明发明的化学式；有附图的专利申请，还应当提供一幅最能说明该发明或者实用新型技术特征的附图。附图的大小及清晰度应当保证在该图缩小到 4 厘米×6 厘米时，仍能清晰地分辨出图中的各个细节。摘要文字部分不得超过 300 个字。摘要中不得使用商业性宣传用语。

第二十四条 申请专利的发明涉及新的生物材料，该生物材料公众不能得到，并且对该生物材料的说明不足以使所属领域的技术人员实施其发明的，除应当符合专利法和本细则的有关规定外，申请人还应当办理下列手续：

（一）在申请日前或者最迟在申请日（有优先权的，指优先权日），将该生物材料的样品提交国务院专利行政部门认可的保藏单位保藏，并在申请时或者最迟自申请日起 4 个月内提交保藏单位出具的保藏证明和存活证明；期满未提交证明的，该样品视为未提交保藏；

（二）在申请文件中，提供有关该生物材料特征的资料；

（三）涉及生物材料样品保藏的专利申请应当在请求书和说明书

中写明该生物材料的分类命名（注明拉丁文名称）、保藏该生物材料样品的单位名称、地址、保藏日期和保藏编号；申请时未写明的，应当自申请日起4个月内补正；期满未补正的，视为未提交保藏。

第二十五条 发明专利申请人依照本细则第二十四条的规定保藏生物材料样品的，在发明专利申请公布后，任何单位或者个人需要将该专利申请所涉及的生物材料作为实验目的使用的，应当向国务院专利行政部门提出请求，并写明下列事项：

（一）请求人的姓名或者名称和地址；

（二）不向其他任何人提供该生物材料的保证；

（三）在授予专利权前，只作为实验目的使用的保证。

第二十六条 专利法所称遗传资源，是指取自人体、动物、植物或者微生物等含有遗传功能单位并具有实际或者潜在价值的材料；专利法所称依赖遗传资源完成的发明创造，是指利用了遗传资源的遗传功能完成的发明创造。

就依赖遗传资源完成的发明创造申请专利的，申请人应当在请求书中予以说明，并填写国务院专利行政部门制定的表格。

第二十七条 申请人请求保护色彩的，应当提交彩色图片或者照片。

申请人应当就每件外观设计产品所需要保护的内容提交有关图片或者照片。

第二十八条 外观设计的简要说明应当写明外观设计产品的名称、用途，外观设计的设计要点，并指定一幅最能表明设计要点的图片或者照片。省略视图或者请求保护色彩的，应当在简要说明中写明。

对同一产品的多项相似外观设计提出一件外观设计专利申请的，应当在简要说明中指定其中一项作为基本设计。

简要说明不得使用商业性宣传用语，也不能用来说明产品的性能。

第二十九条 国务院专利行政部门认为必要时，可以要求外观设计专利申请人提交使用外观设计的产品样品或者模型。样品或者模型的体积不得超过30厘米×30厘米×30厘米，重量不得超过15公斤。易腐、易损或者危险品不得作为样品或者模型提交。

第三十条 专利法第二十四条第（一）项所称中国政府承认的国际展览会，是指国际展览会公约规定的在国际展览局注册或者由其认可的国际展览会。

专利法第二十四条第（二）项所称学术会议或者技术会议，是指国务院有关主管部门或者全国性学术团体组织召开的学术会议或者技术会议。

申请专利的发明创造有专利法第二十四条第（一）项或者第（二）项所列情形的，申请人应当在提出专利申请时声明，并自申请日起2个月内提交有关国际展览会或者学术会议、技术会议的组织单位出具的有关发明创造已经展出或者发表，以及展出或者发表日期的证明文件。

申请专利的发明创造有专利法第二十四条第（三）项所列情形的，国务院专利行政部门认为必要时，可以要求申请人在指定期限内提交证明文件。

申请人未依照本条第三款的规定提出声明和提交证明文件的，或者未依照本条第四款的规定在指定期限内提交证明文件的，其申请不适用专利法第二十四条的规定。

第三十一条 申请人依照专利法第三十条的规定要求外国优先权的，申请人提交的在先申请文件副本应当经原受理机构证明。依照国务院专利行政部门与该受理机构签订的协议，国务院专利行政部门通过电子交换等途径获得在先申请文件副本的，视为申请人提交了经该受理机构证明的在先申请文件副本。要求本国优先权，申请人在请求书中写明在先申请的申请日和申请号的，视为提交了在先申请文件副本。

要求优先权，但请求书中漏写或者错写在先申请的申请日、申请号和原受理机构名称中的一项或者两项内容的，国务院专利行政部门应当通知申请人在指定期限内补正；期满未补正的，视为未要求优先权。

要求优先权的申请人的姓名或者名称与在先申请文件副本中记载的申请人姓名或者名称不一致的，应当提交优先权转让证明材料，未提交该证明材料的，视为未要求优先权。

外观设计专利申请的申请人要求外国优先权，其在先申请未包括对外观设计的简要说明，申请人按照本细则第二十八条规定提交的简要说明未超出在先申请文件的图片或者照片表示的范围的，不影响其享有优先权。

第三十二条 申请人在一件专利申请中，可以要求一项或者多项优先权；要求多项优先权的，该申请的优先权期限从最早的优先权日起计算。

申请人要求本国优先权，在先申请是发明专利申请的，可以就相同主题提出发明或者实用新型专利申请；在先申请是实用新型专利申请的，可以就相同主题提出实用新型或者发明专利申请。但是，提出后一申请时，在先申请的主题有下列情形之一的，不得作为要求本国优先权的基础：

（一）已经要求外国优先权或者本国优先权的；

（二）已经被授予专利权的；

（三）属于按照规定提出的分案申请的。

申请人要求本国优先权的，其在先申请自后一申请提出之日起即视为撤回。

第三十三条 在中国没有经常居所或者营业所的申请人，申请专利或者要求外国优先权的，国务院专利行政部门认为必要时，可以要求其提供下列文件：

（一）申请人是个人的，其国籍证明；

（二）申请人是企业或者其他组织的，其注册的国家或者地区的证明文件；

（三）申请人的所属国，承认中国单位和个人可以按照该国国民的同等条件，在该国享有专利权、优先权和其他与专利有关的权利的证明文件。

第三十四条 依照专利法第三十一条第一款规定，可以作为一件专利申请提出的属于一个总的发明构思的两项以上的发明或者实用新型，应当在技术上相互关联，包含一个或者多个相同或者相应的特定技术特征，其中特定技术特征是指每一项发明或者实用新型作为整体，对现有技术作出贡献的技术特征。

第三十五条 依照专利法第三十一条第二款规定，将同一产品的多项相似外观设计作为一件申请提出的，对该产品的其他设计应当与简要说明中指定的基本设计相似。一件外观设计专利申请中的相似外观设计不得超过 10 项。

专利法第三十一条第二款所称同一类别并且成套出售或者使用的产品的两项以上外观设计，是指各产品属于分类表中同一大类，习惯上同时出售或者同时使用，而且各产品的外观设计具有相同的设计构思。

将两项以上外观设计作为一件申请提出的，应当将各项外观设计的顺序编号标注在每件外观设计产品各幅图片或者照片的名称之前。

第三十六条 申请人撤回专利申请的，应当向国务院专利行政部门提出声明，写明发明创造的名称、申请号和申请日。

撤回专利申请的声明在国务院专利行政部门作好公布专利申请文件的印刷准备工作后提出的，申请文件仍予公布；但是，撤回专利申请的声明应当在以后出版的专利公报上予以公告。

第三章 专利申请的审查和批准

第三十七条 在初步审查、实质审查、复审和无效宣告程序中，实施审查和审理的人员有下列情形之一的，应当自行回避，当事人或者其他利害关系人可以要求其回避：

（一）是当事人或者其代理人的近亲属的；

（二）与专利申请或者专利权有利害关系的；

（三）与当事人或者其代理人有其他关系，可能影响公正审查和审理的；

（四）专利复审委员会成员曾参与原申请的审查的。

第三十八条 国务院专利行政部门收到发明或者实用新型专利申请的请求书、说明书（实用新型必须包括附图）和权利要求书，或者外观设计专利申请的请求书、外观设计的图片或者照片和简要说明后，应当明确申请日、给予申请号，并通知申请人。

第三十九条 专利申请文件有下列情形之一的，国务院专利行政部门不予受理，并通知申请人：

（一）发明或者实用新型专利申请缺少请求书、说明书（实用新型无附图）或者权利要求书的，或者外观设计专利申请缺少请求书、图片或者照片、简要说明的；

（二）未使用中文的；

（三）不符合本细则第一百二十一条第一款规定的；

（四）请求书中缺少申请人姓名或者名称，或者缺少地址的；

（五）明显不符合专利法第十八条或者第十九条第一款的规定的；

（六）专利申请类别（发明、实用新型或者外观设计）不明确或者难以确定的。

第四十条 说明书中写有对附图的说明但无附图或者缺少部分附图的，申请人应当在国务院专利行政部门指定的期限内补交附图或者声明取消对附图的说明。申请人补交附图的，以向国务院专利行政部门提交或者邮寄附图之日为申请日；取消对附图的说明的，保留原申请日。

第四十一条 两个以上的申请人同日（指申请日；有优先权的，指优先权日）分别就同样的发明创造申请专利的，应当在收到国务院专利行政部门的通知后自行协商确定申请人。

同一申请人在同日（指申请日）对同样的发明创造既申请实用新型专利又申请发明专利的，应当在申请时分别说明对同样的发明创造已申请了另一专利；未作说明的，依照专利法第九条第一款关于同样的发明创造只能授予一项专利权的规定处理。

国务院专利行政部门公告授予实用新型专利权，应当公告申请人已依照本条第二款的规定同时申请了发明专利的说明。

发明专利申请经审查没有发现驳回理由，国务院专利行政部门应当通知申请人在规定期限内声明放弃实用新型专利权。申请人声明放弃的，国务院专利行政部门应当作出授予发明专利权的决定，并在公告授予发明专利权时一并公告申请人放弃实用新型专利权声明。申请人不同意放弃的，国务院专利行政部门应当驳回该发明专利申请；申请人期满未答复的，视为撤回该发明专利申请。

实用新型专利权自公告授予发明专利权之日起终止。

第四十二条 一件专利申请包括两项以上发明、实用新型或者外观设计的，申请人可以在本细则第五十四条第一款规定的期限届满前，向国务院专利行政部门提出分案申请；但是，专利申请已经被驳回、撤回或者视为撤回的，不能提出分案申请。

国务院专利行政部门认为一件专利申请不符合专利法第三十一条和本细则第三十四条或者第三十五条的规定的，应当通知申请人在指定期限内对其申请进行修改；申请人期满未答复的，该申请视为撤回。

分案的申请不得改变原申请的类别。

第四十三条 依照本细则第四十二条规定提出的分案申请，可以保留原申请日，享有优先权的，可以保留优先权日，但是不得超出原申请记载的范围。

分案申请应当依照专利法及本细则的规定办理有关手续。

分案申请的请求书中应当写明原申请的申请号和申请日。提交分案申请时，申请人应当提交原申请文件副本；原申请享有优先权的，并应当提交原申请的优先权文件副本。

第四十四条 专利法第三十四条和第四十条所称初步审查，是指审查专利申请是否具备专利法第二十六条或者第二十七条规定的文件和其他必要的文件，这些文件是否符合规定的格式，并审查下列各项：

（一）发明专利申请是否明显属于专利法第五条、第二十五条规定的情形，是否不符合专利法第十八条、第十九条第一款、第二十条第一款或者本细则第十六条、第二十六条第二款的规定，是否明显不符合专利法第二条第二款、第二十六条第五款、第三十一条第一款、第三十三条或者本细则第十七条至第二十一条的规定；

（二）实用新型专利申请是否明显属于专利法第五条、第二十五条规定的情形，是否不符合专利法第十八条、第十九条第一款、第二十条第一款或者本细则第十六条至第十九条、第二十一条至第二十三条的规定，是否明显不符合专利法第二条第三款、第二十二条第二款、第四款、第二十六条第三款、第四款、第三十一条第一款、第三十三条或者本细则第二十条、第四十三条第一款的规定，是否依照专利法

第九条规定不能取得专利权；

（三）外观设计专利申请是否明显属于专利法第五条、第二十五条第一款第（六）项规定的情形，是否不符合专利法第十八条、第十九条第一款或者本细则第十六条、第二十七条、第二十八条的规定，是否明显不符合专利法第二条第四款、第二十三条第一款、第二十七条第二款、第三十一条第二款、第三十三条或者本细则第四十三条第一款的规定，是否依照专利法第九条规定不能取得专利权；

（四）申请文件是否符合本细则第二条、第三条第一款的规定。

国务院专利行政部门应当将审查意见通知申请人，要求其在指定期限内陈述意见或者补正；申请人期满未答复的，其申请视为撤回。申请人陈述意见或者补正后，国务院专利行政部门仍然认为不符合前款所列各项规定的，应当予以驳回。

第四十五条 除专利申请文件外，申请人向国务院专利行政部门提交的与专利申请有关的其他文件有下列情形之一的，视为未提交：

（一）未使用规定的格式或者填写不符合规定的；

（二）未按照规定提交证明材料的。

国务院专利行政部门应当将视为未提交的审查意见通知申请人。

第四十六条 申请人请求早日公布其发明专利申请的，应当向国务院专利行政部门声明。国务院专利行政部门对该申请进行初步审查后，除予以驳回的外，应当立即将申请予以公布。

第四十七条 申请人写明使用外观设计的产品及其所属类别的，应当使用国务院专利行政部门公布的外观设计产品分类表。未写明使用外观设计的产品所属类别或者所写的类别不确切的，国务院专利行政部门可以予以补充或者修改。

第四十八条 自发明专利申请公布之日起至公告授予专利权之日止，任何人均可以对不符合专利法规定的专利申请向国务院专利行政部门提出意见，并说明理由。

第四十九条 发明专利申请人因有正当理由无法提交专利法第三十六条规定的检索资料或者审查结果资料的，应当向国务院专利行政部门声明，并在得到有关资料后补交。

第五十条 国务院专利行政部门依照专利法第三十五条第二款的规定对专利申请自行进行审查时，应当通知申请人。

第五十一条 发明专利申请人在提出实质审查请求时以及在收到国务院专利行政部门发出的发明专利申请进入实质审查阶段通知书之日起的 3 个月内，可以对发明专利申请主动提出修改。

实用新型或者外观设计专利申请人自申请日起 2 个月内，可以对实用新型或者外观设计专利申请主动提出修改。

申请人在收到国务院专利行政部门发出的审查意见通知书后对专利申请文件进行修改的，应当针对通知书指出的缺陷进行修改。

国务院专利行政部门可以自行修改专利申请文件中文字和符号的明显错误。国务院专利行政部门自行修改的，应当通知申请人。

第五十二条 发明或者实用新型专利申请的说明书或者权利要求书的修改部分，除个别文字修改或者增删外，应当按照规定格式提交替换页。外观设计专利申请的图片或者照片的修改，应当按照规定提交替换页。

第五十三条 依照专利法第三十八条的规定，发明专利申请经实质审查应当予以驳回的情形是指：

（一）申请属于专利法第五条、第二十五条规定的情形，或者依照专利法第九条规定不能取得专利权的；

（二）申请不符合专利法第二条第二款、第二十条第一款、第二十二条、第二十六条第三款、第四款、第五款、第三十一条第一款或者本细则第二十条第二款规定的；

（三）申请的修改不符合专利法第三十三条规定，或者分案的申请不符合本细则第四十三条第一款的规定的。

第五十四条 国务院专利行政部门发出授予专利权的通知后，申请人应当自收到通知之日起 2 个月内办理登记手续。申请人按期办理登记手续的，国务院专利行政部门应当授予专利权，颁发专利证书，并予以公告。

期满未办理登记手续的，视为放弃取得专利权的权利。

第五十五条 保密专利申请经审查没有发现驳回理由的，国务院专利行政部门应当作出授予保密专利权的决定，颁发保密专利证书，登记保密专利权的有关事项。

第五十六条　授予实用新型或者外观设计专利权的决定公告后，专利法第六十条规定的专利权人或者利害关系人可以请求国务院专利行政部门作出专利权评价报告。

请求作出专利权评价报告的，应当提交专利权评价报告请求书，写明专利号。每项请求应当限于一项专利权。

专利权评价报告请求书不符合规定的，国务院专利行政部门应当通知请求人在指定期限内补正；请求人期满未补正的，视为未提出请求。

第五十七条　国务院专利行政部门应当自收到专利权评价报告请求书后2个月内作出专利权评价报告。对同一项实用新型或者外观设计专利权，有多个请求人请求作出专利权评价报告的，国务院专利行政部门仅作出一份专利权评价报告。任何单位或者个人可以查阅或者复制该专利权评价报告。

第五十八条　国务院专利行政部门对专利公告、专利单行本中出现的错误，一经发现，应当及时更正，并对所作更正予以公告。

第四章　专利申请的复审与专利权的无效宣告

第五十九条　专利复审委员会由国务院专利行政部门指定的技术专家和法律专家组成，主任委员由国务院专利行政部门负责人兼任。

第六十条　依照专利法第四十一条的规定向专利复审委员会请求复审的，应当提交复审请求书，说明理由，必要时还应当附具有关证据。

复审请求不符合专利法第十九条第一款或者第四十一条第一款规定的，专利复审委员会不予受理，书面通知复审请求人并说明理由。

复审请求书不符合规定格式的，复审请求人应当在专利复审委员会指定的期限内补正；期满未补正的，该复审请求视为未提出。

第六十一条　请求人在提出复审请求或者在对专利复审委员会的复审通知书作出答复时，可以修改专利申请文件；但是，修改应当仅限于消除驳回决定或者复审通知书指出的缺陷。

修改的专利申请文件应当提交一式两份。

第六十二条 专利复审委员会应当将受理的复审请求书转交国务院专利行政部门原审查部门进行审查。原审查部门根据复审请求人的请求，同意撤销原决定的，专利复审委员会应当据此作出复审决定，并通知复审请求人。

第六十三条 专利复审委员会进行复审后，认为复审请求不符合专利法和本细则有关规定的，应当通知复审请求人，要求其在指定期限内陈述意见。期满未答复的，该复审请求视为撤回；经陈述意见或者进行修改后，专利复审委员会认为仍不符合专利法和本细则有关规定的，应当作出维持原驳回决定的复审决定。

专利复审委员会进行复审后，认为原驳回决定不符合专利法和本细则有关规定的，或者认为经过修改的专利申请文件消除了原驳回决定指出的缺陷的，应当撤销原驳回决定，由原审查部门继续进行审查程序。

第六十四条 复审请求人在专利复审委员会作出决定前，可以撤回其复审请求。

复审请求人在专利复审委员会作出决定前撤回其复审请求的，复审程序终止。

第六十五条 依照专利法第四十五条的规定，请求宣告专利权无效或者部分无效的，应当向专利复审委员会提交专利权无效宣告请求书和必要的证据一式两份。无效宣告请求书应当结合提交的所有证据，具体说明无效宣告请求的理由，并指明每项理由所依据的证据。

前款所称无效宣告请求的理由，是指被授予专利的发明创造不符合专利法第二条、第二十条第一款、第二十二条、第二十三条、第二十六条第三款、第四款、第二十七条第二款、第三十三条或者本细则第二十条第二款、第四十三条第一款的规定，或者属于专利法第五条、第二十五条的规定，或者依照专利法第九条规定不能取得专利权。

第六十六条 专利权无效宣告请求不符合专利法第十九条第一款或者本细则第六十五条规定的，专利复审委员会不予受理。

在专利复审委员会就无效宣告请求作出决定之后，又以同样的理由和证据请求无效宣告的，专利复审委员会不予受理。

以不符合专利法第二十三条第三款的规定为理由请求宣告外观设计专利权无效，但是未提交证明权利冲突的证据的，专利复审委员会不予受理。

专利权无效宣告请求书不符合规定格式的，无效宣告请求人应当在专利复审委员会指定的期限内补正；期满未补正的，该无效宣告请求视为未提出。

第六十七条 在专利复审委员会受理无效宣告请求后，请求人可以在提出无效宣告请求之日起 1 个月内增加理由或者补充证据。逾期增加理由或者补充证据的，专利复审委员会可以不予考虑。

第六十八条 专利复审委员会应当将专利权无效宣告请求书和有关文件的副本送交专利权人，要求其在指定的期限内陈述意见。

专利权人和无效宣告请求人应当在指定期限内答复专利复审委员会发出的转送文件通知书或者无效宣告请求审查通知书；期满未答复的，不影响专利复审委员会审理。

第六十九条 在无效宣告请求的审查过程中，发明或者实用新型专利的专利权人可以修改其权利要求书，但是不得扩大原专利的保护范围。

发明或者实用新型专利的专利权人不得修改专利说明书和附图，外观设计专利的专利权人不得修改图片、照片和简要说明。

第七十条 专利复审委员会根据当事人的请求或者案情需要，可以决定对无效宣告请求进行口头审理。

专利复审委员会决定对无效宣告请求进行口头审理的，应当向当事人发出口头审理通知书，告知举行口头审理的日期和地点。当事人应当在通知书指定的期限内作出答复。

无效宣告请求人对专利复审委员会发出的口头审理通知书在指定的期限内未作答复，并且不参加口头审理的，其无效宣告请求视为撤回；专利权人不参加口头审理的，可以缺席审理。

第七十一条 在无效宣告请求审查程序中，专利复审委员会指定的期限不得延长。

第七十二条 专利复审委员会对无效宣告的请求作出决定前，无效宣告请求人可以撤回其请求。

专利复审委员会作出决定之前，无效宣告请求人撤回其请求或者其无效宣告请求被视为撤回的，无效宣告请求审查程序终止。但是，专利复审委员会认为根据已进行的审查工作能够作出宣告专利权无效或者部分无效的决定的，不终止审查程序。

第五章　专利实施的强制许可

第七十三条 专利法第四十八条第（一）项所称未充分实施其专利，是指专利权人及其被许可人实施其专利的方式或者规模不能满足国内对专利产品或者专利方法的需求。

专利法第五十条所称取得专利权的药品，是指解决公共健康问题所需的医药领域中的任何专利产品或者依照专利方法直接获得的产品，包括取得专利权的制造该产品所需的活性成分以及使用该产品所需的诊断用品。

第七十四条 请求给予强制许可的，应当向国务院专利行政部门提交强制许可请求书，说明理由并附具有关证明文件。

国务院专利行政部门应当将强制许可请求书的副本送交专利权人，专利权人应当在国务院专利行政部门指定的期限内陈述意见；期满未答复的，不影响国务院专利行政部门作出决定。

国务院专利行政部门在作出驳回强制许可请求的决定或者给予强制许可的决定前，应当通知请求人和专利权人拟作出的决定及其理由。

国务院专利行政部门依照专利法第五十条的规定作出给予强制许可的决定，应当同时符合中国缔结或者参加的有关国际条约关于为了解决公共健康问题而给予强制许可的规定，但中国作出保留的除外。

第七十五条 依照专利法第五十七条的规定，请求国务院专利行政部门裁决使用费数额的，当事人应当提出裁决请求书，并附具双方不能达成协议的证明文件。国务院专利行政部门应当自收到请求书之日起3个月内作出裁决，并通知当事人。

第六章 对职务发明创造的发明人
或者设计人的奖励和报酬

第七十六条 被授予专利权的单位可以与发明人、设计人约定或者在其依法制定的规章制度中规定专利法第十六条规定的奖励、报酬的方式和数额。

企业、事业单位给予发明人或者设计人的奖励、报酬，按照国家有关财务、会计制度的规定进行处理。

第七十七条 被授予专利权的单位未与发明人、设计人约定也未在其依法制定的规章制度中规定专利法第十六条规定的奖励的方式和数额的，应当自专利权公告之日起3个月内发给发明人或者设计人奖金。一项发明专利的奖金最低不少于3000元；一项实用新型专利或者外观设计专利的奖金最低不少于1000元。

由于发明人或者设计人的建议被其所属单位采纳而完成的发明创造，被授予专利权的单位应当从优发给奖金。

第七十八条 被授予专利权的单位未与发明人、设计人约定也未在其依法制定的规章制度中规定专利法第十六条规定的报酬的方式和数额的，在专利权有效期限内，实施发明创造专利后，每年应当从实施该项发明或者实用新型专利的营业利润中提取不低于2%或者从实施该项外观设计专利的营业利润中提取不低于0.2%，作为报酬给予发明人或者设计人，或者参照上述比例，给予发明人或者设计人一次性报酬；被授予专利权的单位许可其他单位或者个人实施其专利的，应当从收取的使用费中提取不低于10%，作为报酬给予发明人或者设计人。

第七章 专利权的保护

第七十九条 专利法和本细则所称管理专利工作的部门，是指由省、自治区、直辖市人民政府以及专利管理工作量大又有实际处理能力的设区的市人民政府设立的管理专利工作的部门。

第八十条　国务院专利行政部门应当对管理专利工作的部门处理专利侵权纠纷、查处假冒专利行为、调解专利纠纷进行业务指导。

第八十一条　当事人请求处理专利侵权纠纷或者调解专利纠纷的，由被请求人所在地或者侵权行为地的管理专利工作的部门管辖。

两个以上管理专利工作的部门都有管辖权的专利纠纷，当事人可以向其中一个管理专利工作的部门提出请求；当事人向两个以上有管辖权的管理专利工作的部门提出请求的，由最先受理的管理专利工作的部门管辖。

管理专利工作的部门对管辖权发生争议的，由其共同的上级人民政府管理专利工作的部门指定管辖；无共同上级人民政府管理专利工作的部门的，由国务院专利行政部门指定管辖。

第八十二条　在处理专利侵权纠纷过程中，被请求人提出无效宣告请求并被专利复审委员会受理的，可以请求管理专利工作的部门中止处理。

管理专利工作的部门认为被请求人提出的中止理由明显不能成立的，可以不中止处理。

第八十三条　专利权人依照专利法第十七条的规定，在其专利产品或者该产品的包装上标明专利标识的，应当按照国务院专利行政部门规定的方式予以标明。

专利标识不符合前款规定的，由管理专利工作的部门责令改正。

第八十四条　下列行为属于专利法第六十三条规定的假冒专利的行为：

（一）在未被授予专利权的产品或者其包装上标注专利标识，专利权被宣告无效后或者终止后继续在产品或者其包装上标注专利标识，或者未经许可在产品或者产品包装上标注他人的专利号；

（二）销售第（一）项所述产品；

（三）在产品说明书等材料中将未被授予专利权的技术或者设计称为专利技术或者专利设计，将专利申请称为专利，或者未经许可使用他人的专利号，使公众将所涉及的技术或者设计误认为是专利技术或者专利设计；

（四）伪造或者变造专利证书、专利文件或者专利申请文件；

（五）其他使公众混淆，将未被授予专利权的技术或者设计误认为是专利技术或者专利设计的行为。

专利权终止前依法在专利产品、依照专利方法直接获得的产品或者其包装上标注专利标识，在专利权终止后许诺销售、销售该产品的，不属于假冒专利行为。

销售不知道是假冒专利的产品，并且能够证明该产品合法来源的，由管理专利工作的部门责令停止销售，但免除罚款的处罚。

第八十五条　除专利法第六十条规定的外，管理专利工作的部门应当事人请求，可以对下列专利纠纷进行调解：

（一）专利申请权和专利权归属纠纷；

（二）发明人、设计人资格纠纷；

（三）职务发明创造的发明人、设计人的奖励和报酬纠纷；

（四）在发明专利申请公布后专利权授予前使用发明而未支付适当费用的纠纷；

（五）其他专利纠纷。

对于前款第（四）项所列的纠纷，当事人请求管理专利工作的部门调解的，应当在专利权被授予之后提出。

第八十六条　当事人因专利申请权或者专利权的归属发生纠纷，已请求管理专利工作的部门调解或者向人民法院起诉的，可以请求国务院专利行政部门中止有关程序。

依照前款规定请求中止有关程序的，应当向国务院专利行政部门提交请求书，并附具管理专利工作的部门或者人民法院的写明申请号或者专利号的有关受理文件副本。

管理专利工作的部门作出的调解书或者人民法院作出的判决生效后，当事人应当向国务院专利行政部门办理恢复有关程序的手续。自请求中止之日起 1 年内，有关专利申请权或者专利权归属的纠纷未能结案，需要继续中止有关程序的，请求人应当在该期限内请求延长中止。期满未请求延长的，国务院专利行政部门自行恢复有关程序。

第八十七条 人民法院在审理民事案件中裁定对专利申请权或者专利权采取保全措施的，国务院专利行政部门应当在收到写明申请号或者专利号的裁定书和协助执行通知书之日中止被保全的专利申请权或者专利权的有关程序。保全期限届满，人民法院没有裁定继续采取保全措施的，国务院专利行政部门自行恢复有关程序。

第八十八条 国务院专利行政部门根据本细则第八十六条和第八十七条规定中止有关程序，是指暂停专利申请的初步审查、实质审查、复审程序，授予专利权程序和专利权无效宣告程序；暂停办理放弃、变更、转移专利权或者专利申请权手续，专利权质押手续以及专利权期限届满前的终止手续等。

第八章 专利登记和专利公报

第八十九条 国务院专利行政部门设置专利登记簿，登记下列与专利申请和专利权有关的事项：

（一）专利权的授予；

（二）专利申请权、专利权的转移；

（三）专利权的质押、保全及其解除；

（四）专利实施许可合同的备案；

（五）专利权的无效宣告；

（六）专利权的终止；

（七）专利权的恢复；

（八）专利实施的强制许可；

（九）专利权人的姓名或者名称、国籍和地址的变更。

第九十条 国务院专利行政部门定期出版专利公报，公布或者公告下列内容：

（一）发明专利申请的著录事项和说明书摘要；

（二）发明专利申请的实质审查请求和国务院专利行政部门对发明专利申请自行进行实质审查的决定；

（三）发明专利申请公布后的驳回、撤回、视为撤回、视为放弃、恢复和转移；

（四）专利权的授予以及专利权的著录事项；

（五）发明或者实用新型专利的说明书摘要，外观设计专利的一幅图片或者照片；

（六）国防专利、保密专利的解密；

（七）专利权的无效宣告；

（八）专利权的终止、恢复；

（九）专利权的转移；

（十）专利实施许可合同的备案；

（十一）专利权的质押、保全及其解除；

（十二）专利实施的强制许可的给予；

（十三）专利权人的姓名或者名称、地址的变更；

（十四）文件的公告送达；

（十五）国务院专利行政部门作出的更正；

（十六）其他有关事项。

第九十一条 国务院专利行政部门应当提供专利公报、发明专利申请单行本以及发明专利、实用新型专利、外观设计专利单行本，供公众免费查阅。

第九十二条 国务院专利行政部门负责按照互惠原则与其他国家、地区的专利机关或者区域性专利组织交换专利文献。

第九章 费 用

第九十三条 向国务院专利行政部门申请专利和办理其他手续时，应当缴纳下列费用：

（一）申请费、申请附加费、公布印刷费、优先权要求费；

（二）发明专利申请实质审查费、复审费；

（三）专利登记费、公告印刷费、年费；

（四）恢复权利请求费、延长期限请求费；

（五）著录事项变更费、专利权评价报告请求费、无效宣告请求费。

前款所列各种费用的缴纳标准，由国务院价格管理部门、财政部门会同国务院专利行政部门规定。

第九十四条 专利法和本细则规定的各种费用，可以直接向国务院专利行政部门缴纳，也可以通过邮局或者银行汇付，或者以国务院专利行政部门规定的其他方式缴纳。

通过邮局或者银行汇付的，应当在送交国务院专利行政部门的汇单上写明正确的申请号或者专利号以及缴纳的费用名称。不符合本款规定的，视为未办理缴费手续。

直接向国务院专利行政部门缴纳费用的，以缴纳当日为缴费日；以邮局汇付方式缴纳费用的，以邮局汇出的邮戳日为缴费日；以银行汇付方式缴纳费用的，以银行实际汇出日为缴费日。

多缴、重缴、错缴专利费用的，当事人可以自缴费日起 3 年内，向国务院专利行政部门提出退款请求，国务院专利行政部门应当予以退还。

第九十五条 申请人应当自申请日起 2 个月内或者在收到受理通知书之日起 15 日内缴纳申请费、公布印刷费和必要的申请附加费；期满未缴纳或者未缴足的，其申请视为撤回。

申请人要求优先权的，应当在缴纳申请费的同时缴纳优先权要求费；期满未缴纳或者未缴足的，视为未要求优先权。

第九十六条 当事人请求实质审查或者复审的，应当在专利法及本细则规定的相关期限内缴纳费用；期满未缴纳或者未缴足的，视为未提出请求。

第九十七条 申请人办理登记手续时，应当缴纳专利登记费、公告印刷费和授予专利权当年的年费；期满未缴纳或者未缴足的，视为未办理登记手续。

第九十八条 授予专利权当年以后的年费应当在上一年度期满前缴纳。专利权人未缴纳或者未缴足的，国务院专利行政部门应当通知专利权人自应当缴纳年费期满之日起 6 个月内补缴，同时缴纳滞纳金；滞纳金的金额按照每超过规定的缴费时间 1 个月，加收当年全额年费的 5%计算；期满未缴纳的，专利权自应当缴纳年费期满之日起终止。

第九十九条　恢复权利请求费应当在本细则规定的相关期限内缴纳；期满未缴纳或者未缴足的，视为未提出请求。

延长期限请求费应当在相应期限届满之日前缴纳；期满未缴纳或者未缴足的，视为未提出请求。

著录事项变更费、专利权评价报告请求费、无效宣告请求费应当自提出请求之日起 1 个月内缴纳；期满未缴纳或者未缴足的，视为未提出请求。

第一百条　申请人或者专利权人缴纳本细则规定的各种费用有困难的，可以按照规定向国务院专利行政部门提出减缴或者缓缴的请求。减缴或者缓缴的办法由国务院财政部门会同国务院价格管理部门、国务院专利行政部门规定。

第十章　关于国际申请的特别规定

第一百零一条　国务院专利行政部门根据专利法第二十条规定，受理按照专利合作条约提出的专利国际申请。

按照专利合作条约提出并指定中国的专利国际申请（以下简称国际申请）进入国务院专利行政部门处理阶段（以下称进入中国国家阶段）的条件和程序适用本章的规定；本章没有规定的，适用专利法及本细则其他各章的有关规定。

第一百零二条　按照专利合作条约已确定国际申请日并指定中国的国际申请，视为向国务院专利行政部门提出的专利申请，该国际申请日视为专利法第二十八条所称的申请日。

第一百零三条　国际申请的申请人应当在专利合作条约第二条所称的优先权日（本章简称优先权日）起 30 个月内，向国务院专利行政部门办理进入中国国家阶段的手续；申请人未在该期限内办理该手续的，在缴纳宽限费后，可以在自优先权日起 32 个月内办理进入中国国家阶段的手续。

第一百零四条　申请人依照本细则第一百零三条的规定办理进入中国国家阶段的手续的，应当符合下列要求：

（一）以中文提交进入中国国家阶段的书面声明，写明国际申请号和要求获得的专利权类型；

（二）缴纳本细则第九十三条第一款规定的申请费、公布印刷费，必要时缴纳本细则第一百零三条规定的宽限费；

（三）国际申请以外文提出的，提交原始国际申请的说明书和权利要求书的中文译文；

（四）在进入中国国家阶段的书面声明中写明发明创造的名称、申请人姓名或者名称、地址和发明人的姓名，上述内容应当与世界知识产权组织国际局（以下简称国际局）的记录一致；国际申请中未写明发明人的，在上述声明中写明发明人的姓名；

（五）国际申请以外文提出的，提交摘要的中文译文，有附图和摘要附图的，提交附图副本和摘要附图副本，附图中有文字的，将其替换为对应的中文文字；国际申请以中文提出的，提交国际公布文件中的摘要和摘要附图副本；

（六）在国际阶段向国际局已办理申请人变更手续的，提供变更后的申请人享有申请权的证明材料；

（七）必要时缴纳本细则第九十三条第一款规定的申请附加费。

符合本条第一款第（一）项至第（三）项要求的，国务院专利行政部门应当给予申请号，明确国际申请进入中国国家阶段的日期（以下简称进入日），并通知申请人其国际申请已进入中国国家阶段。

国际申请已进入中国国家阶段，但不符合本条第一款第（四）项至第（七）项要求的，国务院专利行政部门应当通知申请人在指定期限内补正；期满未补正的，其申请视为撤回。

第一百零五条 国际申请有下列情形之一的，其在中国的效力终止：

（一）在国际阶段，国际申请被撤回或者被视为撤回，或者国际申请对中国的指定被撤回的；

（二）申请人未在优先权日起 32 个月内按照本细则第一百零三条规定办理进入中国国家阶段手续的；

（三）申请人办理进入中国国家阶段的手续，但自优先权日起 32

个月期限届满仍不符合本细则第一百零四条第（一）项至第（三）项要求的。

依照前款第（一）项的规定，国际申请在中国的效力终止的，不适用本细则第六条的规定；依照前款第（二）项、第（三）项的规定，国际申请在中国的效力终止的，不适用本细则第六条第二款的规定。

第一百零六条　国际申请在国际阶段作过修改，申请人要求以经修改的申请文件为基础进行审查的，应当自进入日起2个月内提交修改部分的中文译文。在该期间内未提交中文译文的，对申请人在国际阶段提出的修改，国务院专利行政部门不予考虑。

第一百零七条　国际申请涉及的发明创造有专利法第二十四条第（一）项或者第（二）项所列情形之一，在提出国际申请时作过声明的，申请人应当在进入中国国家阶段的书面声明中予以说明，并自进入日起2个月内提交本细则第三十条第三款规定的有关证明文件；未予说明或者期满未提交证明文件的，其申请不适用专利法第二十四条的规定。

第一百零八条　申请人按照专利合作条约的规定，对生物材料样品的保藏已作出说明的，视为已经满足了本细则第二十四条第（三）项的要求。申请人应当在进入中国国家阶段声明中指明记载生物材料样品保藏事项的文件以及在该文件中的具体记载位置。

申请人在原始提交的国际申请的说明书中已记载生物材料样品保藏事项，但是没有在进入中国国家阶段声明中指明的，应当自进入日起4个月内补正。期满未补正的，该生物材料视为未提交保藏。

申请人自进入日起4个月内向国务院专利行政部门提交生物材料样品保藏证明和存活证明的，视为在本细则第二十四条第（一）项规定的期限内提交。

第一百零九条　国际申请涉及的发明创造依赖遗传资源完成的，申请人应当在国际申请进入中国国家阶段的书面声明中予以说明，并填写国务院专利行政部门制定的表格。

第一百一十条　申请人在国际阶段已要求一项或者多项优先权，在进入中国国家阶段时该优先权要求继续有效的，视为已经依照专利法第三十条的规定提出了书面声明。

申请人应当自进入日起2个月内缴纳优先权要求费；期满未缴纳或者未缴足的，视为未要求该优先权。

申请人在国际阶段已依照专利合作条约的规定，提交过在先申请文件副本的，办理进入中国国家阶段手续时不需要向国务院专利行政部门提交在先申请文件副本。申请人在国际阶段未提交在先申请文件副本的，国务院专利行政部门认为必要时，可以通知申请人在指定期限内补交；申请人期满未补交的，其优先权要求视为未提出。

第一百一十一条　在优先权日起30个月期满前要求国务院专利行政部门提前处理和审查国际申请的，申请人除应当办理进入中国国家阶段手续外，还应当依照专利合作条约第二十三条第二款规定提出请求。国际局尚未向国务院专利行政部门传送国际申请的，申请人应当提交经确认的国际申请副本。

第一百一十二条　要求获得实用新型专利权的国际申请，申请人可以自进入日起2个月内对专利申请文件主动提出修改。

要求获得发明专利权的国际申请，适用本细则第五十一条第一款的规定。

第一百一十三条　申请人发现提交的说明书、权利要求书或者附图中的文字的中文译文存在错误的，可以在下列规定期限内依照原始国际申请文本提出改正：

（一）在国务院专利行政部门作好公布发明专利申请或者公告实用新型专利权的准备工作之前；

（二）在收到国务院专利行政部门发出的发明专利申请进入实质审查阶段通知书之日起3个月内。

申请人改正译文错误的，应当提出书面请求并缴纳规定的译文改正费。

申请人按照国务院专利行政部门的通知书的要求改正译文的，应当在指定期限内办理本条第二款规定的手续；期满未办理规定手续的，该申请视为撤回。

第一百一十四条 对要求获得发明专利权的国际申请，国务院专利行政部门经初步审查认为符合专利法和本细则有关规定的，应当在专利公报上予以公布；国际申请以中文以外的文字提出的，应当公布申请文件的中文译文。

要求获得发明专利权的国际申请，由国际局以中文进行国际公布的，自国际公布日起适用专利法第十三条的规定；由国际局以中文以外的文字进行国际公布的，自国务院专利行政部门公布之日起适用专利法第十三条的规定。

对国际申请，专利法第二十一条和第二十二条中所称的公布是指本条第一款所规定的公布。

第一百一十五条 国际申请包含两项以上发明或者实用新型的，申请人可以自进入日起，依照本细则第四十二条第一款的规定提出分案申请。

在国际阶段，国际检索单位或者国际初步审查单位认为国际申请不符合专利合作条约规定的单一性要求时，申请人未按照规定缴纳附加费，导致国际申请某些部分未经国际检索或者未经国际初步审查，在进入中国国家阶段时，申请人要求将所述部分作为审查基础，国务院专利行政部门认为国际检索单位或者国际初步审查单位对发明单一性的判断正确的，应当通知申请人在指定期限内缴纳单一性恢复费。期满未缴纳或者未足额缴纳的，国际申请中未经检索或者未经国际初步审查的部分视为撤回。

第一百一十六条 国际申请在国际阶段被有关国际单位拒绝给予国际申请日或者宣布视为撤回的，申请人在收到通知之日起2个月内，可以请求国际局将国际申请档案中任何文件的副本转交国务院专利行政部门，并在该期限内向国务院专利行政部门办理本细则第一百零三条规定的手续，国务院专利行政部门应当在接到国际局传送的文件后，对国际单位作出的决定是否正确进行复查。

第一百一十七条 基于国际申请授予的专利权，由于译文错误，致使依照专利法第五十九条规定确定的保护范围超出国际申请的原文所表达的范围的，以依据原文限制后的保护范围为准；致使保护范围小于国际申请的原文所表达的范围的，以授权时的保护范围为准。

第十一章　附　则

第一百一十八条　经国务院专利行政部门同意，任何人均可以查阅或者复制已经公布或者公告的专利申请的案卷和专利登记簿，并可以请求国务院专利行政部门出具专利登记簿副本。

已视为撤回、驳回和主动撤回的专利申请的案卷，自该专利申请失效之日起满2年后不予保存。

已放弃、宣告全部无效和终止的专利权的案卷，自该专利权失效之日起满3年后不予保存。

第一百一十九条　向国务院专利行政部门提交申请文件或者办理各种手续，应当由申请人、专利权人、其他利害关系人或者其代表人签字或者盖章；委托专利代理机构的，由专利代理机构盖章。

请求变更发明人姓名、专利申请人和专利权人的姓名或者名称、国籍和地址、专利代理机构的名称、地址和代理人姓名的，应当向国务院专利行政部门办理著录事项变更手续，并附具变更理由的证明材料。

第一百二十条　向国务院专利行政部门邮寄有关申请或者专利权的文件，应当使用挂号信函，不得使用包裹。

除首次提交专利申请文件外，向国务院专利行政部门提交各种文件、办理各种手续的，应当标明申请号或者专利号、发明创造名称和申请人或者专利权人姓名或者名称。

一件信函中应当只包含同一申请的文件。

第一百二十一条　各类申请文件应当打字或者印刷，字迹呈黑色，整齐清晰，并不得涂改。附图应当用制图工具和黑色墨水绘制，线条应当均匀清晰，并不得涂改。

请求书、说明书、权利要求书、附图和摘要应当分别用阿拉伯数字顺序编号。

申请文件的文字部分应当横向书写。纸张限于单面使用。

第一百二十二条 国务院专利行政部门根据专利法和本细则制定专利审查指南。

第一百二十三条 本细则自 2001 年 7 月 1 日起施行。1992 年 12 月 12 日国务院批准修订、1992 年 12 月 21 日中国专利局发布的《中华人民共和国专利法实施细则》同时废止。

附 录

专利优先审查管理办法

国家知识产权局令

第七十六号

《专利优先审查管理办法》已经局务会审议通过，现予公布，自 2017 年 8 月 1 日起施行。

国家知识产权局局长

2017 年 6 月 27 日

第一条 为了促进产业结构优化升级，推进国家知识产权战略实施和知识产权强国建设，服务创新驱动发展，完善专利审查程序，根据《中华人民共和国专利法》和《中华人民共和国专利法实施细则》（以下简称专利法实施细则）的有关规定，制定本办法。

第二条 下列专利申请或者案件的优先审查适用本办法：

（一）实质审查阶段的发明专利申请；

（二）实用新型和外观设计专利申请；

（三）发明、实用新型和外观设计专利申请的复审；

（四）发明、实用新型和外观设计专利的无效宣告。

依据国家知识产权局与其他国家或者地区专利审查机构签订的双边或者多边协议开展优先审查的，按照有关规定处理，不适用本办法。

第三条 有下列情形之一的专利申请或者专利复审案件，可以请求优先审查：

（一）涉及节能环保、新一代信息技术、生物、高端装备制造、新能源、新材料、新能源汽车、智能制造等国家重点发展产业；

（二）涉及各省级和设区的市级人民政府重点鼓励的产业；

（三）涉及互联网、大数据、云计算等领域且技术或者产品更新速度快；

（四）专利申请人或者复审请求人已经做好实施准备或者已经开始实施，或者有证据证明他人正在实施其发明创造；

（五）就相同主题首次在中国提出专利申请又向其他国家或者地区提出申请的该中国首次申请；

（六）其他对国家利益或者公共利益具有重大意义需要优先审查。

第四条 有下列情形之一的无效宣告案件，可以请求优先审查：

（一）针对无效宣告案件涉及的专利发生侵权纠纷，当事人已请求地方知识产权局处理、向人民法院起诉或者请求仲裁调解组织仲裁调解；

（二）无效宣告案件涉及的专利对国家利益或者公共利益具有重大意义。

第五条 对专利申请、专利复审案件提出优先审查请求，应当经全体申请人或者全体复审请求人同意；对无效宣告案件提出优先审查请求，应当经无效宣告请求人或者全体专利权人同意。

处理、审理涉案专利侵权纠纷的地方知识产权局、人民法院或者仲裁调解组织可以对无效宣告案件提出优先审查请求。

第六条 对专利申请、专利复审案件、无效宣告案件进行优先审查的数量，由国家知识产权局根据不同专业技术领域的审查能力、上一年度专利授权量以及本年度待审案件数量等情况确定。

第七条 请求优先审查的专利申请或者专利复审案件应当采用电子申请方式。

第八条 申请人提出发明、实用新型、外观设计专利申请优先审查请求的，应当提交优先审查请求书、现有技术或者现有设计信息材料和相关证明文件；除本办法第三条第五项的情形外，优先审查请求书应当由国务院相关部门或者省级知识产权局签署推荐意见。

当事人提出专利复审、无效宣告案件优先审查请求的，应当提交优先审查请求书和相关证明文件；除在实质审查或者初步审查程序中已经进行优先审查的专利复审案件外，优先审查请求书应当由国务院相关部门或者省级知识产权局签署推荐意见。

地方知识产权局、人民法院、仲裁调解组织提出无效宣告案件优先审查请求的，应当提交优先审查请求书并说明理由。

第九条 国家知识产权局受理和审核优先审查请求后，应当及时将审核意见通知优先审查请求人。

第十条 国家知识产权局同意进行优先审查的，应当自同意之日起，在以下期限内结案：

（一）发明专利申请在四十五日内发出第一次审查意见通知书，并在一年内结案；

（二）实用新型和外观设计专利申请在两个月内结案；

（三）专利复审案件在七个月内结案；

（四）发明和实用新型专利无效宣告案件在五个月内结案，外观设计专利无效宣告案件在四个月内结案。

第十一条 对于优先审查的专利申请，申请人应当尽快作出答复或者补正。申请人答复发明专利审查意见通知书的期限为通知书发文日起两个月，申请人答复实用新型和外观设计专利审查意见通知书的期限为通知书发文日起十五日。

第十二条 对于优先审查的专利申请，有下列情形之一的，国家知识产权局可以停止优先审查程序，按普通程序处理，并及时通知优先审查请求人：

（一）优先审查请求获得同意后，申请人根据专利法实施细则第五十一条第一、二款对申请文件提出修改；

（二）申请人答复期限超过本办法第十一条规定的期限；

（三）申请人提交虚假材料；

（四）在审查过程中发现为非正常专利申请。

第十三条 对于优先审查的专利复审或者无效宣告案件，有下列情形之一的，专利复审委员会可以停止优先审查程序，按普通程序处理，并及时通知优先审查请求人：

（一）复审请求人延期答复；

（二）优先审查请求获得同意后，无效宣告请求人补充证据和理由；

（三）优先审查请求获得同意后，专利权人以删除以外的方式修改权利要求书；

（四）专利复审或者无效宣告程序被中止；

（五）案件审理依赖于其他案件的审查结论；

（六）疑难案件，并经专利复审委员会主任批准。

第十四条 本办法由国家知识产权局负责解释。

第十五条 本办法自 2017 年 8 月 1 日起施行。2012 年 8 月 1 日起施行的《发明专利申请优先审查管理办法》同时废止。

专利标识标注办法

国家知识产权局令
第六十三号

《专利标识标注办法》已经局务会议审议通过，现予公布，自 2012 年 5 月 1 日起施行。

国家知识产权局局长
二〇一二年三月八日

第一条 为了规范专利标识的标注方式，维护正常的市场经济秩序，根据《中华人民共和国专利法》（以下简称专利法）和《中华人民共和国专利法实施细则》的有关规定，制定本办法。

第二条 标注专利标识的，应当按照本办法予以标注。

第三条 管理专利工作的部门负责在本行政区域内对标注专利标识的行为进行监督管理。

第四条 在授予专利权之后的专利权有效期内，专利权人或者经专利权人同意享有专利标识标注权的被许可人可以在其专利产品、依照专利方法直接获得的产品、该产品的包装或者该产品的说明书等材料上标注专利标识。

第五条 标注专利标识的，应当标明下述内容：

（一）采用中文标明专利权的类别，例如中国发明专利、中国实用新型专利、中国外观设计专利；

（二）国家知识产权局授予专利权的专利号。

除上述内容之外，可以附加其他文字、图形标记，但附加的文字、图形标记及其标注方式不得误导公众。

第六条 在依照专利方法直接获得的产品、该产品的包装或者该产品的说明书等材料上标注专利标识的，应当采用中文标明该产品系依照专利方法所获得的产品。

第七条 专利权被授予前在产品、该产品的包装或者该产品的说明书等材料上进行标注的，应当采用中文标明中国专利申请的类别、专利申请号，并标明"专利申请，尚未授权"字样。

第八条 专利标识的标注不符合本办法第五条、第六条或者第七条规定的，由管理专利工作的部门责令改正。

专利标识标注不当，构成假冒专利行为的，由管理专利工作的部门依照专利法第六十三条的规定进行处罚。

第九条 本办法由国家知识产权局负责解释。

第十条 本办法自 2012 年 5 月 1 日起施行。2003 年 5 月 30 日国家知识产权局令第二十九号发布的《专利标记和专利号标注方式的规定》同时废止。

专利实施强制许可办法

国家知识产权局令

第六十四号

《专利实施强制许可办法》已经局务会议审议通过，现予公布，自 2012 年 5 月 1 日起施行。

国家知识产权局局长

二〇一二年三月十五日

第一章 总 则

第一条 为了规范实施发明专利或者实用新型专利的强制许可（以下简称强制许可）的给予、费用裁决和终止程序，根据《中华人民共和国专利法》（以下简称专利法）、《中华人民共和国专利法实施细则》及有关法律法规，制定本办法。

第二条 国家知识产权局负责受理和审查强制许可请求、强制许可使用费裁决请求和终止强制许可请求并作出决定。

第三条 请求给予强制许可、请求裁决强制许可使用费和请求终止强制许可，应当使用中文以书面形式办理。

依照本办法提交的各种证件、证明文件是外文的，国家知识产权局认为必要时，可以要求当事人在指定期限内附送中文译文；期满未附送的，视为未提交该证件、证明文件。

第四条 在中国没有经常居所或者营业所的外国人、外国企业或者外国其他组织办理强制许可事务的，应当委托依法设立的专利代理机构办理。

当事人委托专利代理机构办理强制许可事务的，应当提交委托书，写明委托权限。一方当事人有两个以上且未委托专利代理机构的，除另有声明外，以提交的书面文件中指明的第一当事人为该方代表人。

第二章　强制许可请求的提出与受理

第五条　专利权人自专利权被授予之日起满3年，且自提出专利申请之日起满4年，无正当理由未实施或者未充分实施其专利的，具备实施条件的单位或者个人可以根据专利法第四十八条第一项的规定，请求给予强制许可。

专利权人行使专利权的行为被依法认定为垄断行为的，为消除或者减少该行为对竞争产生的不利影响，具备实施条件的单位或者个人可以根据专利法第四十八条第二项的规定，请求给予强制许可。

第六条　在国家出现紧急状态或者非常情况时，或者为了公共利益的目的，国务院有关主管部门可以根据专利法第四十九条的规定，建议国家知识产权局给予其指定的具备实施条件的单位强制许可。

第七条　为了公共健康目的，具备实施条件的单位可以根据专利法第五十条的规定，请求给予制造取得专利权的药品并将其出口到下列国家或者地区的强制许可：

（一）最不发达国家或者地区；

（二）依照有关国际条约通知世界贸易组织表明希望作为进口方的该组织的发达成员或者发展中成员。

第八条　一项取得专利权的发明或者实用新型比前已经取得专利权的发明或者实用新型具有显著经济意义的重大技术进步，其实施又有赖于前一发明或者实用新型的实施的，该专利权人可以根据专利法第五十一条的规定请求给予实施前一专利的强制许可。国家知识产权局给予实施前一专利的强制许可的，前一专利权人也可以请求给予实施后一专利的强制许可。

第九条　请求给予强制许可的，应当提交强制许可请求书，写明下列各项：

（一）请求人的姓名或者名称、地址、邮政编码、联系人及电话；

（二）请求人的国籍或者注册的国家或者地区；

（三）请求给予强制许可的发明专利或者实用新型专利的名称、专利号、申请日、授权公告日，以及专利权人的姓名或者名称；

（四）请求给予强制许可的理由和事实、期限；

（五）请求人委托专利代理机构的，受托机构的名称、机构代码以及该机构指定的代理人的姓名、执业证号码、联系电话；

（六）请求人的签字或者盖章；委托专利代理机构的，还应当有该机构的盖章；

（七）附加文件清单；

（八）其他需要注明的事项。

请求书及其附加文件应当一式两份。

第十条　强制许可请求涉及两个或者两个以上的专利权人的，请求人应当按专利权人的数量提交请求书及其附加文件副本。

第十一条　根据专利法第四十八条第一项或者第五十一条的规定请求给予强制许可的，请求人应当提供证据，证明其以合理的条件请求专利权人许可其实施专利，但未能在合理的时间内获得许可。

根据专利法第四十八条第二项的规定请求给予强制许可的，请求人应当提交已经生效的司法机关或者反垄断执法机构依法将专利权人行使专利权的行为认定为垄断行为的判决或者决定。

第十二条　国务院有关主管部门根据专利法第四十九条建议给予强制许可的，应当指明下列各项：

（一）国家出现紧急状态或者非常情况，或者为了公共利益目的需要给予强制许可；

（二）建议给予强制许可的发明专利或者实用新型专利的名称、专利号、申请日、授权公告日，以及专利权人的姓名或者名称；

（三）建议给予强制许可的期限；

（四）指定的具备实施条件的单位名称、地址、邮政编码、联系人及电话；

（五）其他需要注明的事项。

第十三条　根据专利法第五十条的规定请求给予强制许可的，请求人应当提供进口方及其所需药品和给予强制许可的有关信息。

第十四条 强制许可请求有下列情形之一的，不予受理并通知请求人：

（一）请求给予强制许可的发明专利或者实用新型专利的专利号不明确或者难以确定；

（二）请求文件未使用中文；

（三）明显不具备请求强制许可的理由；

（四）请求给予强制许可的专利权已经终止或者被宣告无效。

第十五条 请求文件不符合本办法第四条、第九条、第十条规定的，请求人应当自收到通知之日起 15 日内进行补正。期满未补正的，该请求视为未提出。

第十六条 国家知识产权局受理强制许可请求的，应当及时将请求书副本送交专利权人。除另有指定的外，专利权人应当自收到通知之日起 15 日内陈述意见；期满未答复的，不影响国家知识产权局作出决定。

第三章 强制许可请求的审查和决定

第十七条 国家知识产权局应当对请求人陈述的理由、提供的信息和提交的有关证明文件以及专利权人陈述的意见进行审查；需要实地核查的，应当指派两名以上工作人员实地核查。

第十八条 请求人或者专利权人要求听证的，由国家知识产权局组织听证。

国家知识产权局应当在举行听证 7 日前通知请求人、专利权人和其他利害关系人。

除涉及国家秘密、商业秘密或者个人隐私外，听证公开进行。

举行听证时，请求人、专利权人和其他利害关系人可以进行申辩和质证。

举行听证时应当制作听证笔录，交听证参加人员确认无误后签字或者盖章。

根据专利法第四十九条或者第五十条的规定建议或者请求给予强制许可的，不适用听证程序。

第十九条 请求人在国家知识产权局作出决定前撤回其请求的，强制许可请求的审查程序终止。

在国家知识产权局作出决定前，请求人与专利权人订立了专利实施许可合同的，应当及时通知国家知识产权局，并撤回其强制许可请求。

第二十条 经审查认为强制许可请求有下列情形之一的，国家知识产权局应当作出驳回强制许可请求的决定：

（一）请求人不符合本办法第四条、第五条、第七条或者第八条的规定；

（二）请求给予强制许可的理由不符合专利法第四十八条、第五十条或者第五十一条的规定；

（三）强制许可请求涉及的发明创造是半导体技术的，其理由不符合专利法第五十二条的规定；

（四）强制许可请求不符合本办法第十一条或者第十三条的规定；

（五）请求人陈述的理由、提供的信息或者提交的有关证明文件不充分或者不真实。

国家知识产权局在作出驳回强制许可请求的决定前，应当通知请求人拟作出的决定及其理由。除另有指定的外，请求人可以自收到通知之日起15日内陈述意见。

第二十一条 经审查认为请求给予强制许可的理由成立的，国家知识产权局应当作出给予强制许可的决定。在作出给予强制许可的决定前，应当通知请求人和专利权人拟作出的决定及其理由。除另有指定的外，双方当事人可以自收到通知之日起15日内陈述意见。

国家知识产权局根据专利法第四十九条作出给予强制许可的决定前，应当通知专利权人拟作出的决定及其理由。

第二十二条 给予强制许可的决定应当写明下列各项：

（一）取得强制许可的单位或者个人的名称或者姓名、地址；

（二）被给予强制许可的发明专利或者实用新型专利的名称、专利号、申请日及授权公告日；

（三）给予强制许可的范围和期限；

（四）决定的理由、事实和法律依据；

（五）国家知识产权局的印章及负责人签字；

（六）决定的日期；

（七）其他有关事项。

给予强制许可的决定应当自作出之日起 5 日内通知请求人和专利权人。

第二十三条 国家知识产权局根据专利法第五十条作出给予强制许可的决定的，还应当在该决定中明确下列要求：

（一）依据强制许可制造的药品数量不得超过进口方所需的数量，并且必须全部出口到该进口方；

（二）依据强制许可制造的药品应当采用特定的标签或者标记明确注明该药品是依据强制许可而制造的；在可行并且不会对药品价格产生显著影响的情况下，应当对药品本身采用特殊的颜色或者形状，或者对药品采用特殊的包装；

（三）药品装运前，取得强制许可的单位应当在其网站或者世界贸易组织的有关网站上发布运往进口方的药品数量以及本条第二项所述的药品识别特征等信息。

第二十四条 国家知识产权局根据专利法第五十条作出给予强制许可的决定的，由国务院有关主管部门将下列信息通报世界贸易组织：

（一）取得强制许可的单位的名称和地址；

（二）出口药品的名称和数量；

（三）进口方；

（四）强制许可的期限；

（五）本办法第二十三条第三项所述网址。

第四章　强制许可使用费裁决请求的审查和裁决

第二十五条 请求裁决强制许可使用费的，应当提交强制许可使用费裁决请求书，写明下列各项：

（一）请求人的姓名或者名称、地址；

（二）请求人的国籍或者注册的国家或者地区；

（三）给予强制许可的决定的文号；

（四）被请求人的姓名或者名称、地址；

（五）请求裁决强制许可使用费的理由；

（六）请求人委托专利代理机构的，受托机构的名称、机构代码以及该机构指定的代理人的姓名、执业证号码、联系电话；

（七）请求人的签字或者盖章；委托专利代理机构的，还应当有该机构的盖章；

（八）附加文件清单；

（九）其他需要注明的事项。

请求书及其附加文件应当一式两份。

第二十六条 强制许可使用费裁决请求有下列情形之一的，不予受理并通知请求人：

（一）给予强制许可的决定尚未作出；

（二）请求人不是专利权人或者取得强制许可的单位或者个人；

（三）双方尚未进行协商或者经协商已经达成协议。

第二十七条 国家知识产权局受理强制许可使用费裁决请求的，应当及时将请求书副本送交对方当事人。除另有指定的外，对方当事人应当自收到通知之日起 15 日内陈述意见；期满未答复的，不影响国家知识产权局作出决定。

强制许可使用费裁决过程中，双方当事人可以提交书面意见。国家知识产权局可以根据案情需要听取双方当事人的口头意见。

第二十八条 请求人在国家知识产权局作出决定前撤回其裁决请求的，裁决程序终止。

第二十九条 国家知识产权局应当自收到请求书之日起 3 个月内作出强制许可使用费的裁决决定。

第三十条 强制许可使用费裁决决定应当写明下列各项：

（一）取得强制许可的单位或者个人的名称或者姓名、地址；

（二）被给予强制许可的发明专利或者实用新型专利的名称、专利号、申请日及授权公告日；

（三）裁决的内容及其理由；

（四）国家知识产权局的印章及负责人签字；

（五）决定的日期；

（六）其他有关事项。

强制许可使用费裁决决定应当自作出之日起 5 日内通知双方当事人。

第五章　终止强制许可请求的审查和决定

第三十一条　有下列情形之一的，强制许可自动终止：

（一）给予强制许可的决定规定的强制许可期限届满；

（二）被给予强制许可的发明专利或者实用新型专利终止或者被宣告无效。

第三十二条　给予强制许可的决定中规定的强制许可期限届满前，强制许可的理由消除并不再发生的，专利权人可以请求国家知识产权局作出终止强制许可的决定。

请求终止强制许可的，应当提交终止强制许可请求书，写明下列各项：

（一）专利权人的姓名或者名称、地址；

（二）专利权人的国籍或者注册的国家或者地区；

（三）请求终止的给予强制许可决定的文号；

（四）请求终止强制许可的理由和事实；

（五）专利权人委托专利代理机构的，受托机构的名称、机构代码以及该机构指定的代理人的姓名、执业证号码、联系电话；

（六）专利权人的签字或者盖章；委托专利代理机构的，还应当有该机构的盖章；

（七）附加文件清单；

（八）其他需要注明的事项。

请求书及其附加文件应当一式两份。

第三十三条　终止强制许可的请求有下列情形之一的，不予受理并通知请求人：

（一）请求人不是被给予强制许可的发明专利或者实用新型专利

的专利权人；

（二）未写明请求终止的给予强制许可决定的文号；

（三）请求文件未使用中文；

（四）明显不具备终止强制许可的理由。

第三十四条　请求文件不符合本办法第三十二条规定的，请求人应当自收到通知之日起 15 日内进行补正。期满未补正的，该请求视为未提出。

第三十五条　国家知识产权局受理终止强制许可请求的，应当及时将请求书副本送交取得强制许可的单位或者个人。除另有指定的外，取得强制许可的单位或者个人应当自收到通知之日起 15 日内陈述意见；期满未答复的，不影响国家知识产权局作出决定。

第三十六条　国家知识产权局应当对专利权人陈述的理由和提交的有关证明文件以及取得强制许可的单位或者个人陈述的意见进行审查；需要实地核查的，应当指派两名以上工作人员实地核查。

第三十七条　专利权人在国家知识产权局作出决定前撤回其请求的，相关程序终止。

第三十八条　经审查认为请求终止强制许可的理由不成立的，国家知识产权局应当作出驳回终止强制许可请求的决定。在作出驳回终止强制许可请求的决定前，应当通知专利权人拟作出的决定及其理由。除另有指定的外，专利权人可以自收到通知之日起 15 日内陈述意见。

第三十九条　经审查认为请求终止强制许可的理由成立的，国家知识产权局应当作出终止强制许可的决定。在作出终止强制许可的决定前，应当通知取得强制许可的单位或者个人拟作出的决定及其理由。除另有指定的外，取得强制许可的单位或者个人可以自收到通知之日起 15 日内陈述意见。

终止强制许可的决定应当写明下列各项：

（一）专利权人的姓名或者名称、地址；

（二）取得强制许可的单位或者个人的名称或者姓名、地址；

（三）被给予强制许可的发明专利或者实用新型专利的名称、专利号、申请日及授权公告日；

（四）给予强制许可的决定的文号；

（五）决定的事实和法律依据；

（六）国家知识产权局的印章及负责人签字；

（七）决定的日期；

（八）其他有关事项。

终止强制许可的决定应当自作出之日起 5 日内通知专利权人和取得强制许可的单位或者个人。

第六章　附　则

第四十条　已经生效的给予强制许可的决定和终止强制许可的决定，以及强制许可自动终止的，应当在专利登记簿上登记并在专利公报上公告。

第四十一条　当事人对国家知识产权局关于强制许可的决定不服的，可以依法申请行政复议或者提起行政诉讼。

第四十二条　本办法由国家知识产权局负责解释。

第四十三条　本办法自 2012 年 5 月 1 日起施行。2003 年 6 月 13 日国家知识产权局令第三十一号发布的《专利实施强制许可办法》和 2005 年 11 月 29 日国家知识产权局令第三十七号发布的《涉及公共健康问题的专利实施强制许可办法》同时废止。

专利权质押登记办法

国家知识产权局令

第五十六号

《专利权质押登记办法》已经局务会议审议通过,现予公布,自 2010 年 10 月 1 日起施行。

国家知识产权局局长

二○一○年八月二十六日

第一条 为了促进专利权的运用和资金融通,保障债权的实现,规范专利权质押登记,根据《中华人民共和国物权法》、《中华人民共和国担保法》、《中华人民共和国专利法》及有关规定,制定本办法。

第二条 国家知识产权局负责专利权质押登记工作。

第三条 以专利权出质的,出质人与质权人应当订立书面质押合同。

质押合同可以是单独订立的合同,也可以是主合同中的担保条款。

第四条 以共有的专利权出质的,除全体共有人另有约定的以外,应当取得其他共有人的同意。

第五条 在中国没有经常居所或者营业所的外国人、外国企业或者外国其他组织办理专利权质押登记手续的,应当委托依法设立的专利代理机构办理。

中国单位或者个人办理专利权质押登记手续的,可以委托依法设立的专利代理机构办理。

第六条 当事人可以通过邮寄、直接送交等方式办理专利权质押登记相关手续。

第七条 申请专利权质押登记的,当事人应当向国家知识产权局提交下列文件:

（一）出质人和质权人共同签字或者盖章的专利权质押登记申请表；

（二）专利权质押合同；

（三）双方当事人的身份证明；

（四）委托代理的，注明委托权限的委托书；

（五）其他需要提供的材料。

专利权经过资产评估的，当事人还应当提交资产评估报告。

除身份证明外，当事人提交的其他各种文件应当使用中文。身份证明是外文的，当事人应当附送中文译文；未附送的，视为未提交。

对于本条第一款和第二款规定的文件，当事人可以提交电子扫描件。

第八条 国家知识产权局收到当事人提交的质押登记申请文件后，应当通知申请人。

第九条 当事人提交的专利权质押合同应当包括以下与质押登记相关的内容：

（一）当事人的姓名或者名称、地址；

（二）被担保债权的种类和数额；

（三）债务人履行债务的期限；

（四）专利权项数以及每项专利权的名称、专利号、申请日、授权公告日；

（五）质押担保的范围。

第十条 除本办法第九条规定的事项外，当事人可以在专利权质押合同中约定下列事项：

（一）质押期间专利权年费的缴纳；

（二）质押期间专利权的转让、实施许可；

（三）质押期间专利权被宣告无效或者专利权归属发生变更时的处理；

（四）实现质权时，相关技术资料的交付。

第十一条 国家知识产权局自收到专利权质押登记申请文件之日起7个工作日内进行审查并决定是否予以登记。

第十二条 专利权质押登记申请经审查合格的，国家知识产权局在专利登记簿上予以登记，并向当事人发送《专利权质押登记通知书》。质权自国家知识产权局登记时设立。

经审查发现有下列情形之一的，国家知识产权局作出不予登记的决定，并向当事人发送《专利权质押不予登记通知书》：

（一）出质人与专利登记簿记载的专利权人不一致的；

（二）专利权已终止或者已被宣告无效的；

（三）专利申请尚未被授予专利权的；

（四）专利权处于年费缴纳滞纳期的；

（五）专利权已被启动无效宣告程序的；

（六）因专利权的归属发生纠纷或者人民法院裁定对专利权采取保全措施，专利权的质押手续被暂停办理的；

（七）债务人履行债务的期限超过专利权有效期的；

（八）质押合同约定在债务履行期届满质权人未受清偿时，专利权归质权人所有的；

（九）质押合同不符合本办法第九条规定的；

（十）以共有专利权出质但未取得全体共有人同意的；

（十一）专利权已被申请质押登记且处于质押期间的；

（十二）其他应当不予登记的情形。

第十三条 专利权质押期间，国家知识产权局发现质押登记存在本办法第十二条第二款所列情形并且尚未消除的，或者发现其他应当撤销专利权质押登记的情形的，应当撤销专利权质押登记，并向当事人发出《专利权质押登记撤销通知书》。

专利权质押登记被撤销的，质押登记的效力自始无效。

第十四条 国家知识产权局在专利公报上公告专利权质押登记的下列内容：出质人、质权人、主分类号、专利号、授权公告日、质押登记日等。

专利权质押登记后变更、注销的，国家知识产权局予以登记和公告。

第十五条 专利权质押期间，出质人未提交质权人同意其放弃该专利权的证明材料的，国家知识产权局不予办理专利权放弃手续。

第十六条 专利权质押期间，出质人未提交质权人同意转让或者许可实施该专利权的证明材料的，国家知识产权局不予办理专利权转让登记手续或者专利实施合同备案手续。

出质人转让或者许可他人实施出质的专利权的，出质人所得的转让费、许可费应当向质权人提前清偿债务或者提存。

第十七条 专利权质押期间，当事人的姓名或者名称、地址、被担保的主债权种类及数额或者质押担保的范围发生变更的，当事人应当自变更之日起 30 日内持变更协议、原《专利权质押登记通知书》和其他有关文件，向国家知识产权局办理专利权质押登记变更手续。

第十八条 有下列情形之一的，当事人应当持《专利权质押登记通知书》以及相关证明文件，向国家知识产权局办理质押登记注销手续：

（一）债务人按期履行债务或者出质人提前清偿所担保的债务的；

（二）质权已经实现的；

（三）质权人放弃质权的；

（四）因主合同无效、被撤销致使质押合同无效、被撤销的；

（五）法律规定质权消灭的其他情形。

国家知识产权局收到注销登记申请后，经审核，向当事人发出《专利权质押登记注销通知书》。专利权质押登记的效力自注销之日起终止。

第十九条 专利权在质押期间被宣告无效或者终止的，国家知识产权局应当通知质权人。

第二十条 专利权人没有按照规定缴纳已经质押的专利权的年费的，国家知识产权局应当在向专利权人发出缴费通知书的同时通知质权人。

第二十一条 本办法由国家知识产权局负责解释。

第二十二条 本办法自 2010 年 10 月 1 日起施行。1996 年 9 月 19 日中华人民共和国专利局令第八号发布的《专利权质押合同登记管理暂行办法》同时废止。

最高人民法院关于审理侵犯专利权
纠纷案件应用法律若干问题的解释

法释〔2009〕21 号
中华人民共和国最高人民法院公告

《最高人民法院关于审理侵犯专利权纠纷案件应用法律
若干问题的解释》已于 2009 年 12 月 21 日最高人民法院审判
委员会第 1480 次会议通过，现予公布，自 2010 年 1 月 1 日
起施行。

二〇〇九年十二月二十八日

为正确审理侵犯专利权纠纷案件，根据《中华人民共和国专利
法》、《中华人民共和国民事诉讼法》等有关法律规定，结合审判实
际，制定本解释。

第一条 人民法院应当根据权利人主张的权利要求，依据专利法
第五十九条第一款的规定确定专利权的保护范围。权利人在一审法庭
辩论终结前变更其主张的权利要求的，人民法院应当准许。

权利人主张以从属权利要求确定专利权保护范围的，人民法院应
当以该从属权利要求记载的附加技术特征及其引用的权利要求记载的
技术特征，确定专利权的保护范围。

第二条 人民法院应当根据权利要求的记载，结合本领域普通技
术人员阅读说明书及附图后对权利要求的理解，确定专利法第五十九
条第一款规定的权利要求的内容。

第三条 人民法院对于权利要求，可以运用说明书及附图、权利
要求书中的相关权利要求、专利审查档案进行解释。说明书对权利要
求用语有特别界定的，从其特别界定。

以上述方法仍不能明确权利要求含义的，可以结合工具书、教科

书等公知文献以及本领域普通技术人员的通常理解进行解释。

    第四条 对于权利要求中以功能或者效果表述的技术特征，人民法院应当结合说明书和附图描述的该功能或者效果的具体实施方式及其等同的实施方式，确定该技术特征的内容。

    第五条 对于仅在说明书或者附图中描述而在权利要求中未记载的技术方案，权利人在侵犯专利权纠纷案件中将其纳入专利权保护范围的，人民法院不予支持。

    第六条 专利申请人、专利权人在专利授权或者无效宣告程序中，通过对权利要求、说明书的修改或者意见陈述而放弃的技术方案，权利人在侵犯专利权纠纷案件中又将其纳入专利权保护范围的，人民法院不予支持。

    第七条 人民法院判定被诉侵权技术方案是否落入专利权的保护范围，应当审查权利人主张的权利要求所记载的全部技术特征。

    被诉侵权技术方案包含与权利要求记载的全部技术特征相同或者等同的技术特征的，人民法院应当认定其落入专利权的保护范围；被诉侵权技术方案的技术特征与权利要求记载的全部技术特征相比，缺少权利要求记载的一个以上的技术特征，或者有一个以上技术特征不相同也不等同的，人民法院应当认定其没有落入专利权的保护范围。

    第八条 在与外观设计专利产品相同或者相近种类产品上，采用与授权外观设计相同或者近似的外观设计的，人民法院应当认定被诉侵权设计落入专利法第五十九条第二款规定的外观设计专利权的保护范围。

    第九条 人民法院应当根据外观设计产品的用途，认定产品种类是否相同或者相近。确定产品的用途，可以参考外观设计的简要说明、国际外观设计分类表、产品的功能以及产品销售、实际使用的情况等因素。

    第十条 人民法院应当以外观设计专利产品的一般消费者的知识水平和认知能力，判断外观设计是否相同或者近似。

    第十一条 人民法院认定外观设计是否相同或者近似时，应当根据授权外观设计、被诉侵权设计的设计特征，以外观设计的整体视觉效果进行综合判断；对于主要由技术功能决定的设计特征以及对整体视觉效果不产生影响的产品的材料、内部结构等特征，应当不予考虑。

下列情形，通常对外观设计的整体视觉效果更具有影响：

（一）产品正常使用时容易被直接观察到的部位相对于其他部位；

（二）授权外观设计区别于现有设计的设计特征相对于授权外观设计的其他设计特征。

被诉侵权设计与授权外观设计在整体视觉效果上无差异的，人民法院应当认定两者相同；在整体视觉效果上无实质性差异的，应当认定两者近似。

第十二条 将侵犯发明或者实用新型专利权的产品作为零部件，制造另一产品的，人民法院应当认定属于专利法第十一条规定的使用行为；销售该另一产品的，人民法院应当认定属于专利法第十一条规定的销售行为。

将侵犯外观设计专利权的产品作为零部件，制造另一产品并销售的，人民法院应当认定属于专利法第十一条规定的销售行为，但侵犯外观设计专利权的产品在该另一产品中仅具有技术功能的除外。

对于前两款规定的情形，被诉侵权人之间存在分工合作的，人民法院应当认定为共同侵权。

第十三条 对于使用专利方法获得的原始产品，人民法院应当认定为专利法第十一条规定的依照专利方法直接获得的产品。

对于将上述原始产品进一步加工、处理而获得后续产品的行为，人民法院应当认定属于专利法第十一条规定的使用依照该专利方法直接获得的产品。

第十四条 被诉落入专利权保护范围的全部技术特征，与一项现有技术方案中的相应技术特征相同或者无实质性差异的，人民法院应当认定被诉侵权人实施的技术属于专利法第六十二条规定的现有技术。

被诉侵权设计与一个现有设计相同或者无实质性差异的，人民法院应当认定被诉侵权人实施的设计属于专利法第六十二条规定的现有设计。

第十五条 被诉侵权人以非法获得的技术或者设计主张先用权抗

辩的，人民法院不予支持。

有下列情形之一的，人民法院应当认定属于专利法第六十九条第
（二）项规定的已经作好制造、使用的必要准备：

（一）已经完成实施发明创造所必需的主要技术图纸或者工艺
文件；

（二）已经制造或者购买实施发明创造所必需的主要设备或者原
材料。

专利法第六十九条第（二）项规定的原有范围，包括专利申请日
前已有的生产规模以及利用已有的生产设备或者根据已有的生产准备
可以达到的生产规模。

先用权人在专利申请日后将其已经实施或作好实施必要准备的技
术或设计转让或者许可他人实施，被诉侵权人主张该实施行为属于在
原有范围内继续实施的，人民法院不予支持，但该技术或设计与原有
企业一并转让或者承继的除外。

第十六条 人民法院依据专利法第六十五条第一款的规定确定侵
权人因侵权所获得的利益，应当限于侵权人因侵犯专利权行为所获得
的利益；因其他权利所产生的利益，应当合理扣除。

侵犯发明、实用新型专利权的产品系另一产品的零部件的，人民
法院应当根据该零部件本身的价值及其在实现成品利润中的作用等因
素合理确定赔偿数额。

侵犯外观设计专利权的产品为包装物的，人民法院应当按照包装
物本身的价值及其在实现被包装产品利润中的作用等因素合理确定赔
偿数额。

第十七条 产品或者制造产品的技术方案在专利申请日以前为国
内外公众所知的，人民法院应当认定该产品不属于专利法第六十一条
第一款规定的新产品。

第十八条 权利人向他人发出侵犯专利权的警告，被警告人或者
利害关系人经书面催告权利人行使诉权，自权利人收到该书面催告之
日起一个月内或者自书面催告发出之日起二个月内，权利人不撤回警
告也不提起诉讼，被警告人或者利害关系人向人民法院提起请求确认

其行为不侵犯专利权的诉讼的，人民法院应当受理。

第十九条 被诉侵犯专利权行为发生在 2009 年 10 月 1 日以前的，人民法院适用修改前的专利法；发生在 2009 年 10 月 1 日以后的，人民法院适用修改后的专利法。

被诉侵犯专利权行为发生在 2009 年 10 月 1 日以前且持续到 2009 年 10 月 1 日以后，依据修改前和修改后的专利法的规定侵权人均应承担赔偿责任的，人民法院适用修改后的专利法确定赔偿数额。

第二十条 本院以前发布的有关司法解释与本解释不一致的，以本解释为准。

最高人民法院关于审理侵犯专利权
纠纷案件应用法律若干问题的解释（二）

法释〔2016〕1号
中华人民共和国最高人民法院公告

《最高人民法院关于审理侵犯专利权纠纷案件应用法律若干问题的解释（二）》已于 2016 年 1 月 25 日由最高人民法院审判委员会第 1676 次会议通过，现予公布，自 2016 年 4 月 1 日起施行。

最高人民法院
2016 年 3 月 21 日

为正确审理侵犯专利权纠纷案件，根据《中华人民共和国专利法》《中华人民共和国侵权责任法》《中华人民共和国民事诉讼法》等有关法律规定，结合审判实践，制定本解释。

第一条 权利要求书有两项以上权利要求的，权利人应当在起诉状中载明据以起诉被诉侵权人侵犯其专利权的权利要求。起诉状对此未记载或者记载不明的，人民法院应当要求权利人明确。经释明，权利人仍不予明确的，人民法院可以裁定驳回起诉。

第二条 权利人在专利侵权诉讼中主张的权利要求被专利复审委员会宣告无效的，审理侵犯专利权纠纷案件的人民法院可以裁定驳回权利人基于该无效权利要求的起诉。

有证据证明宣告上述权利要求无效的决定被生效的行政判决撤销的，权利人可以另行起诉。

专利权人另行起诉的，诉讼时效期间从本条第二款所称行政判决书送达之日起计算。

第三条 因明显违反专利法第二十六条第三款、第四款导致说明书无法用于解释权利要求，且不属于本解释第四条规定的情形，专利权因此被请求宣告无效的，审理侵犯专利权纠纷案件的人民法院一般应当裁定中止诉讼；在合理期限内专利权未被请求宣告无效的，人民法院可以根据权利要求的记载确定专利权的保护范围。

第四条 权利要求书、说明书及附图中的语法、文字、标点、图形、符号等存有歧义，但本领域普通技术人员通过阅读权利要求书、说明书及附图可以得出唯一理解的，人民法院应当根据该唯一理解予以认定。

第五条 在人民法院确定专利权的保护范围时，独立权利要求的前序部分、特征部分以及从属权利要求的引用部分、限定部分记载的技术特征均有限定作用。

第六条 人民法院可以运用与涉案专利存在分案申请关系的其他专利及其专利审查档案、生效的专利授权确权裁判文书解释涉案专利的权利要求。

专利审查档案，包括专利审查、复审、无效程序中专利申请人或者专利权人提交的书面材料，国务院专利行政部门及其专利复审委员会制作的审查意见通知书、会晤记录、口头审理记录、生效的专利复审请求审查决定书和专利权无效宣告请求审查决定书等。

第七条 被诉侵权技术方案在包含封闭式组合物权利要求全部技术特征的基础上增加其他技术特征的，人民法院应当认定被诉侵权技术方案未落入专利权的保护范围，但该增加的技术特征属于不可避免的常规数量杂质的除外。

前款所称封闭式组合物权利要求，一般不包括中药组合物权利要求。

第八条 功能性特征，是指对于结构、组分、步骤、条件或其之间的关系等，通过其在发明创造中所起的功能或者效果进行限定的技术特征，但本领域普通技术人员仅通过阅读权利要求即可直接、明确地确定实现上述功能或者效果的具体实施方式的除外。

与说明书及附图记载的实现前款所称功能或者效果不可缺少的技术特征相比，被诉侵权技术方案的相应技术特征是以基本相同的手段，实现相同的功能，达到相同的效果，且本领域普通技术人员在被诉侵权行为发生时无需经过创造性劳动就能够联想到的，人民法院应当认定该相应技术特征与功能性特征相同或者等同。

第九条 被诉侵权技术方案不能适用于权利要求中使用环境特征所限定的使用环境的，人民法院应当认定被诉侵权技术方案未落入专利权的保护范围。

第十条 对于权利要求中以制备方法界定产品的技术特征，被诉侵权产品的制备方法与其不相同也不等同的，人民法院应当认定被诉侵权技术方案未落入专利权的保护范围。

第十一条 方法权利要求未明确记载技术步骤的先后顺序，但本领域普通技术人员阅读权利要求书、说明书及附图后直接、明确地认为该技术步骤应当按照特定顺序实施的，人民法院应当认定该步骤顺序对于专利权的保护范围具有限定作用。

第十二条 权利要求采用"至少""不超过"等用语对数值特征进行界定，且本领域普通技术人员阅读权利要求书、说明书及附图后认为专利技术方案特别强调该用语对技术特征的限定作用，权利人主张与其不相同的数值特征属于等同特征的，人民法院不予支持。

第十三条 权利人证明专利申请人、专利权人在专利授权确权程序中对权利要求书、说明书及附图的限缩性修改或者陈述被明确否定的，人民法院应当认定该修改或者陈述未导致技术方案的放弃。

第十四条 人民法院在认定一般消费者对于外观设计所具有的知识水平和认知能力时，一般应当考虑被诉侵权行为发生时授权外观设计所属相同或者相近种类产品的设计空间。设计空间较大的，人民法院可以认定一般消费者通常不容易注意到不同设计之间的较小区别；设计空间较小的，人民法院可以认定一般消费者通常更容易注意到不同设计之间的较小区别。

第十五条 对于成套产品的外观设计专利，被诉侵权设计与其一项外观设计相同或者近似的，人民法院应当认定被诉侵权设计落入专利权的保护范围。

第十六条 对于组装关系唯一的组件产品的外观设计专利，被诉侵权设计与其组合状态下的外观设计相同或者近似的，人民法院应当认定被诉侵权设计落入专利权的保护范围。

对于各构件之间无组装关系或者组装关系不唯一的组件产品的外观设计专利，被诉侵权设计与其全部单个构件的外观设计均相同或者近似的，人民法院应当认定被诉侵权设计落入专利权的保护范围；被诉侵权设计缺少其单个构件的外观设计或者与之不相同也不近似的，人民法院应当认定被诉侵权设计未落入专利权的保护范围。

第十七条 对于变化状态产品的外观设计专利，被诉侵权设计与变化状态图所示各种使用状态下的外观设计均相同或者近似的，人民法院应当认定被诉侵权设计落入专利权的保护范围；被诉侵权设计缺少其一种使用状态下的外观设计或者与之不相同也不近似的，人民法院应当认定被诉侵权设计未落入专利权的保护范围。

第十八条 权利人依据专利法第十三条诉请在发明专利申请公布日至授权公告日期间实施该发明的单位或者个人支付适当费用的，人民法院可以参照有关专利许可使用费合理确定。

发明专利申请公布时申请人请求保护的范围与发明专利公告授权时的专利权保护范围不一致，被诉技术方案均落入上述两种范围的，人民法院应当认定被告在前款所称期间内实施了该发明；被诉技术方案仅落入其中一种范围的，人民法院应当认定被告在前款所称期间内未实施该发明。

发明专利公告授权后，未经专利权人许可，为生产经营目的使用、许诺销售、销售在本条第一款所称期间内已由他人制造、销售、进口的产品，且该他人已支付或者书面承诺支付专利法第十三条规定的适当费用的，对于权利人关于上述使用、许诺销售、销售行为侵犯专利权的主张，人民法院不予支持。

第十九条 产品买卖合同依法成立的，人民法院应当认定属于专利法第十一条规定的销售。

第二十条 对于将依照专利方法直接获得的产品进一步加工、处理而获得的后续产品，进行再加工、处理的，人民法院应当认定不属于专利法第十一条规定的"使用依照该专利方法直接获得的产品"。

第二十一条 明知有关产品系专门用于实施专利的材料、设备、零部件、中间物等，未经专利权人许可，为生产经营目的将该产品提供给他人实施了侵犯专利权的行为，权利人主张该提供者的行为属于侵权责任法第九条规定的帮助他人实施侵权行为的，人民法院应予支持。

明知有关产品、方法被授予专利权，未经专利权人许可，为生产经营目的积极诱导他人实施了侵犯专利权的行为，权利人主张该诱导者的行为属于侵权责任法第九条规定的教唆他人实施侵权行为的，人民法院应予支持。

第二十二条 对于被诉侵权人主张的现有技术抗辩或者现有设计抗辩，人民法院应当依照专利申请日时施行的专利法界定现有技术或者现有设计。

第二十三条 被诉侵权技术方案或者外观设计落入在先的涉案专利权的保护范围，被诉侵权人以其技术方案或者外观设计被授予专利权为由抗辩不侵犯涉案专利权的，人民法院不予支持。

第二十四条 推荐性国家、行业或者地方标准明示所涉必要专利的信息，被诉侵权人以实施该标准无需专利权人许可为由抗辩不侵犯该专利权的，人民法院一般不予支持。

推荐性国家、行业或者地方标准明示所涉必要专利的信息，专利权人、被诉侵权人协商该专利的实施许可条件时，专利权人故意违反其在标准制定中承诺的公平、合理、无歧视的许可义务，导致无法达成专利实施许可合同，且被诉侵权人在协商中无明显过错的，对于权利人请求停止标准实施行为的主张，人民法院一般不予支持。

本条第二款所称实施许可条件，应当由专利权人、被诉侵权人协商确定。经充分协商，仍无法达成一致的，可以请求人民法院确定。人民法院在确定上述实施许可条件时，应当根据公平、合理、无歧视的原则，综合考虑专利的创新程度及其在标准中的作用、标准所属的技术领域、标准的性质、标准实施的范围和相关的许可条件等因素。

法律、行政法规对实施标准中的专利另有规定的，从其规定。

第二十五条 为生产经营目的使用、许诺销售或者销售不知道是未经专利权人许可而制造并售出的专利侵权产品，且举证证明该产品合法来源的，对于权利人请求停止上述使用、许诺销售、销售行为的主张，人民法院应予支持，但被诉侵权产品的使用者举证证明其已支付该产品的合理对价的除外。

本条第一款所称不知道，是指实际不知道且不应当知道。

本条第一款所称合法来源，是指通过合法的销售渠道、通常的买卖合同等正常商业方式取得产品。对于合法来源，使用者、许诺销售者或者销售者应当提供符合交易习惯的相关证据。

第二十六条 被告构成对专利权的侵犯，权利人请求判令其停止侵权行为的，人民法院应予支持，但基于国家利益、公共利益的考量，人民法院可以不判令被告停止被诉行为，而判令其支付相应的合理费用。

第二十七条 权利人因被侵权所受到的实际损失难以确定的，人民法院应当依照专利法第六十五条第一款的规定，要求权利人对侵权人因侵权所获得的利益进行举证；在权利人已经提供侵权人所获利益的初步证据，而与专利侵权行为相关的账簿、资料主要由侵权人掌握的情况下，人民法院可以责令侵权人提供该账簿、资料；侵权人无正当理由拒不提供或者提供虚假的账簿、资料的，人民法院可以根据权利人的主张和提供的证据认定侵权人因侵权所获得的利益。

第二十八条 权利人、侵权人依法约定专利侵权的赔偿数额或者赔偿计算方法，并在专利侵权诉讼中主张依据该约定确定赔偿数额的，人民法院应予支持。

第二十九条 宣告专利权无效的决定作出后，当事人根据该决定依法申请再审，请求撤销专利权无效宣告前人民法院作出但未执行的专利侵权的判决、调解书的，人民法院可以裁定中止再审审查，并中止原判决、调解书的执行。

专利权人向人民法院提供充分、有效的担保，请求继续执行前款所称判决、调解书的，人民法院应当继续执行；侵权人向人民法院提供充分、有效的反担保，请求中止执行的，人民法院应当准许。人民法院生效裁判未撤销宣告专利权无效的决定的，专利权人应当赔偿因继续执行给对方造成的损失；宣告专利权无效的决定被人民法院生效裁判撤销，专利权仍有效的，人民法院可以依据前款所称判决、调解书直接执行上述反担保财产。

第三十条 在法定期限内对宣告专利权无效的决定不向人民法院起诉或者起诉后生效裁判未撤销该决定，当事人根据该决定依法申请再审，请求撤销宣告专利权无效前人民法院作出但未执行的专利侵权的判决、调解书的，人民法院应当再审。当事人根据该决定，依法申请终结执行宣告专利权无效前人民法院作出但未执行的专利侵权的判决、调解书的，人民法院应当裁定终结执行。

第三十一条 本解释自 2016 年 4 月 1 日起施行。最高人民法院以前发布的相关司法解释与本解释不一致的，以本解释为准。

商标广告法律法规学习读本

广告营销法律法规

曾 朝 主编

汕头大学出版社

图书在版编目（CIP）数据

广告营销法律法规／曾朝主编．-- 汕头：汕头大
学出版社，2023.4（重印）
（商标广告法律法规学习读本）
ISBN 978-7-5658-3318-2

Ⅰ．①广… Ⅱ．①曾… Ⅲ．①广告法-中国-学习参
考资料 Ⅳ．①D922.294.4

中国版本图书馆 CIP 数据核字（2018）第 000669 号

广告营销法律法规　　　　GUANGGAO YINGXIAO FALÜ FAGUI

主　　编：曾　朝
责任编辑：汪艳蕾
责任技编：黄东生
封面设计：大华文苑
出版发行：汕头大学出版社
　　　　　广东省汕头市大学路 243 号汕头大学校园内　邮政编码：515063
电　　话：0754-82904613
印　　刷：三河市元兴印务有限公司
开　　本：690mm×960mm 1/16
印　　张：18
字　　数：226 千字
版　　次：2018 年 1 月第 1 版
印　　次：2023 年 4 月第 2 次印刷
定　　价：59.60 元（全 2 册）
ISBN 978-7-5658-3318-2

前 言

习近平总书记指出："推进全民守法，必须着力增强全民法治观念。要坚持把全民普法和守法作为依法治国的长期基础性工作，采取有力措施加强法制宣传教育。要坚持法治教育从娃娃抓起，把法治教育纳入国民教育体系和精神文明创建内容，由易到难、循序渐进不断增强青少年的规则意识。要健全公民和组织守法信用记录，完善守法诚信褒奖机制和违法失信行为惩戒机制，形成守法光荣、违法可耻的社会氛围，使遵法守法成为全体人民共同追求和自觉行动。"

中共中央、国务院曾经转发了中央宣传部、司法部关于在公民中开展法治宣传教育的规划，并发出通知，要求各地区各部门结合实际认真贯彻执行。通知指出，全民普法和守法是依法治国的长期基础性工作。深入开展法治宣传教育，是全面建成小康社会和新农村的重要保障。

普法规划指出：各地区各部门要根据实际需要，从不同群体的特点出发，因地制宜开展有特色的法治宣传教育坚持集中法治宣传教育与经常性法治宣传教育相结合，深化法律进机关、进乡村、进社区、进学校、进企业、进单位的"法律六进"主题活动，完善工作标准，建立长效机制。

特别是农业、农村和农民问题，始终是关系党和人民事业发展的全局性和根本性问题。党中央、国务院发布的《关于推进社会主义新农村建设的若干意见》中明确提出要"加强农村法制建设，深入开展农村普法教育，增强农民的法制观念，提高农民依法行使权利和履行义务的自觉性。"多年普法实践证明，普及法律知识，提高法制观念，增强全社会依法办事意识具有重要作用。特别是在广大农村进行普法教育，是提高全民法律素质的需要。

多年来，我国在农村实行的改革开放取得了极大成功，农村发生了翻天覆地的变化，广大农民生活水平大大得到了提高。但是，由于历史和社会等原因，现阶段我国一些地区农民文化素质还不高，不学法、不懂法、不守法现象虽然较原来有所改变，但仍有相当一部分群众的法制观念仍很淡化，不懂、不愿借助法律来保护自身权益，这就极易受到不法的侵害，或极易进行违法犯罪活动，严重阻碍了全面建成小康社会和新农村步伐。

为此，根据党和政府的指示精神以及普法规划，特别是根据广大农村农民的现状，在有关部门和专家的指导下，特别编辑了这套《全国普法学习读本》。主要包括了广大人民群众应知应懂、实际实用的法律法规。为了辅导学习，附录还收入了相应法律法规的条例准则、实施细则、解读解答、案例分析等；同时为了突出法律法规的实际实用特点，兼顾地方性和特殊性，附录还收入了部分某些地方性法律法规以及非法律法规的政策文件、管理制度、应用表格等内容，拓展了本书的知识范围，使法律法规更"接地气"，便于读者学习掌握和实际应用。

在众多法律法规中，我们通过甄别，淘汰了废止的，精选了最新的、权威的和全面的。但有部分法律法规有些条款不适应当下情况了，却没有颁布新的，我们又不能擅自改动，只得保留原有条款，但附录却有相应的补充修改意见或通知等。众多法律法规根据不同内容和受众特点，经过归类组合，优化配套。整套普法读本非常全面系统，具有很强的学习性、实用性和指导性，非常适合用于广大农村和城乡普法学习教育与实践指导。总之，是全国全民普法的良好读本。

目 录

中华人民共和国广告法

广播电视广告播出管理办法

广告管理规定及审查标准

中华人民共和国广告法

中华人民共和国主席令

第二十二号

《中华人民共和国广告法》已由中华人民共和国第十二届全国人民代表大会常务委员会第十四次会议于2015年4月24日修订通过，现将修订后的《中华人民共和国广告法》公布，自2015年9月1日起施行。

中华人民共和国主席 习近平

2015 年 4 月 24 日

（1994 年 10 月 27 日第八届全国人民代表大会常务委员会第十次会议通过；根据 2015 年 4 月 24 日第十二届全国人民代表大会常务委员会第十四次会议修订）

第一章 总 则

第一条 为了规范广告活动，保护消费者的合法权益，促进广告业的健康发展，维护社会经济秩序，制定本法。

第二条　在中华人民共和国境内，商品经营者或者服务提供者通过一定媒介和形式直接或者间接地介绍自己所推销的商品或者服务的商业广告活动，适用本法。

本法所称广告主，是指为推销商品或者服务，自行或者委托他人设计、制作、发布广告的自然人、法人或者其他组织。

本法所称广告经营者，是指接受委托提供广告设计、制作、代理服务的自然人、法人或者其他组织。

本法所称广告发布者，是指为广告主或者广告主委托的广告经营者发布广告的自然人、法人或者其他组织。

本法所称广告代言人，是指广告主以外的，在广告中以自己的名义或者形象对商品、服务作推荐、证明的自然人、法人或者其他组织。

第三条　广告应当真实、合法，以健康的表现形式表达广告内容，符合社会主义精神文明建设和弘扬中华民族优秀传统文化的要求。

第四条　广告不得含有虚假或者引人误解的内容，不得欺骗、误导消费者。

广告主应当对广告内容的真实性负责。

第五条　广告主、广告经营者、广告发布者从事广告活动，应当遵守法律、法规，诚实信用，公平竞争。

第六条　国务院工商行政管理部门主管全国的广告监督管理工作，国务院有关部门在各自的职责范围内负责广告管理相关工作。

县级以上地方工商行政管理部门主管本行政区域的广告监督管理工作，县级以上地方人民政府有关部门在各自的职责范围内负责广告管理相关工作。

第七条 广告行业组织依照法律、法规和章程的规定，制定行业规范，加强行业自律，促进行业发展，引导会员依法从事广告活动，推动广告行业诚信建设。

第二章　广告内容准则

第八条 广告中对商品的性能、功能、产地、用途、质量、成分、价格、生产者、有效期限、允诺等或者对服务的内容、提供者、形式、质量、价格、允诺等有表示的，应当准确、清楚、明白。

广告中表明推销的商品或者服务附带赠送的，应当明示所附带赠送商品或者服务的品种、规格、数量、期限和方式。

法律、行政法规规定广告中应当明示的内容，应当显著、清晰表示。

第九条 广告不得有下列情形：

（一）使用或者变相使用中华人民共和国的国旗、国歌、国徽，军旗、军歌、军徽；

（二）使用或者变相使用国家机关、国家机关工作人员的名义或者形象；

（三）使用"国家级"、"最高级"、"最佳"等用语；

（四）损害国家的尊严或者利益，泄露国家秘密；

（五）妨碍社会安定，损害社会公共利益；

（六）危害人身、财产安全，泄露个人隐私；

（七）妨碍社会公共秩序或者违背社会良好风尚；

（八）含有淫秽、色情、赌博、迷信、恐怖、暴力的内容；

（九）含有民族、种族、宗教、性别歧视的内容；

（十）妨碍环境、自然资源或者文化遗产保护；

（十一）法律、行政法规规定禁止的其他情形。

第十条 广告不得损害未成年人和残疾人的身心健康。

第十一条 广告内容涉及的事项需要取得行政许可的，应当与许可的内容相符合。

广告使用数据、统计资料、调查结果、文摘、引用语等引证内容的，应当真实、准确，并表明出处。引证内容有适用范围和有效期限的，应当明确表示。

第十二条 广告中涉及专利产品或者专利方法的，应当标明专利号和专利种类。

未取得专利权的，不得在广告中谎称取得专利权。

禁止使用未授予专利权的专利申请和已经终止、撤销、无效的专利作广告。

第十三条 广告不得贬低其他生产经营者的商品或者服务。

第十四条 广告应当具有可识别性，能够使消费者辨明其为广告。

大众传播媒介不得以新闻报道形式变相发布广告。通过大众传播媒介发布的广告应当显著标明"广告"，与其他非广告信息相区别，不得使消费者产生误解。

广播电台、电视台发布广告，应当遵守国务院有关部门关于时长、方式的规定，并应当对广告时长作出明显提示。

第十五条 麻醉药品、精神药品、医疗用毒性药品、放射性药品等特殊药品，药品类易制毒化学品，以及戒毒治疗的药品、医疗器械和治疗方法，不得作广告。

前款规定以外的处方药，只能在国务院卫生行政部门和国务院药品监督管理部门共同指定的医学、药学专业刊物上作广告。

第十六条 医疗、药品、医疗器械广告不得含有下列内容：

（一）表示功效、安全性的断言或者保证；

（二）说明治愈率或者有效率；

（三）与其他药品、医疗器械的功效和安全性或者其他医疗机构比较；

（四）利用广告代言人作推荐、证明；

（五）法律、行政法规规定禁止的其他内容。

药品广告的内容不得与国务院药品监督管理部门批准的说明书不一致，并应当显著标明禁忌、不良反应。处方药广告应当显著标明"本广告仅供医学药学专业人士阅读"，非处方药广告应当显著标明"请按药品说明书或者在药师指导下购买和使用"。

推荐给个人自用的医疗器械的广告，应当显著标明"请仔细阅读产品说明书或者在医务人员的指导下购买和使用"。医疗器械产品注册证明文件中有禁忌内容、注意事项的，广告中应当显著标明"禁忌内容或者注意事项详见说明书"。

第十七条 除医疗、药品、医疗器械广告外，禁止其他任何广告涉及疾病治疗功能，并不得使用医疗用语或者易使推销的商品与药品、医疗器械相混淆的用语。

第十八条 保健食品广告不得含有下列内容：

（一）表示功效、安全性的断言或者保证；

（二）涉及疾病预防、治疗功能；

（三）声称或者暗示广告商品为保障健康所必需；

（四）与药品、其他保健食品进行比较；

（五）利用广告代言人作推荐、证明；

（六）法律、行政法规规定禁止的其他内容。

保健食品广告应当显著标明"本品不能代替药物"。

第十九条 广播电台、电视台、报刊音像出版单位、互联网信息服务提供者不得以介绍健康、养生知识等形式变相发布医疗、药品、医疗器械、保健食品广告。

第二十条 禁止在大众传播媒介或者公共场所发布声称全部或者部分替代母乳的婴儿乳制品、饮料和其他食品广告。

第二十一条 农药、兽药、饲料和饲料添加剂广告不得含有下列内容：

（一）表示功效、安全性的断言或者保证；

（二）利用科研单位、学术机构、技术推广机构、行业协会或者专业人士、用户的名义或者形象作推荐、证明；

（三）说明有效率；

（四）违反安全使用规程的文字、语言或者画面；

（五）法律、行政法规规定禁止的其他内容。

第二十二条 禁止在大众传播媒介或者公共场所、公共交通工具、户外发布烟草广告。禁止向未成年人发送任何形式的烟草广告。

禁止利用其他商品或者服务的广告、公益广告，宣传烟草制品名称、商标、包装、装潢以及类似内容。

烟草制品生产者或者销售者发布的迁址、更名、招聘等启事中，不得含有烟草制品名称、商标、包装、装潢以及类似内容。

第二十三条 酒类广告不得含有下列内容：

（一）诱导、怂恿饮酒或者宣传无节制饮酒；

（二）出现饮酒的动作；

（三）表现驾驶车、船、飞机等活动；

（四）明示或者暗示饮酒有消除紧张和焦虑、增加体力等功效。

第二十四条 教育、培训广告不得含有下列内容：

（一）对升学、通过考试、获得学位学历或者合格证书，或者对教育、培训的效果作出明示或者暗示的保证性承诺；

（二）明示或者暗示有相关考试机构或者其工作人员、考试命题人员参与教育、培训；

（三）利用科研单位、学术机构、教育机构、行业协会、专业人士、受益者的名义或者形象作推荐、证明。

第二十五条　招商等有投资回报预期的商品或者服务广告，应当对可能存在的风险以及风险责任承担有合理提示或者警示，并不得含有下列内容：

（一）对未来效果、收益或者与其相关的情况作出保证性承诺，明示或者暗示保本、无风险或者保收益等，国家另有规定的除外；

（二）利用学术机构、行业协会、专业人士、受益者的名义或者形象作推荐、证明。

第二十六条　房地产广告，房源信息应当真实，面积应当表明为建筑面积或者套内建筑面积，并不得含有下列内容：

（一）升值或者投资回报的承诺；

（二）以项目到达某一具体参照物的所需时间表示项目位置；

（三）违反国家有关价格管理的规定；

（四）对规划或者建设中的交通、商业、文化教育设施以及其他市政条件作误导宣传。

第二十七条　农作物种子、林木种子、草种子、种畜禽、水产苗种和种养殖广告关于品种名称、生产性能、生长量或者产量、品质、抗性、特殊使用价值、经济价值、适宜种植或者养殖的范围和条件等方面的表述应当真实、清楚、明白，并不得含有下列内容：

（一）作科学上无法验证的断言；

（二）表示功效的断言或者保证；

（三）对经济效益进行分析、预测或者作保证性承诺；

（四）利用科研单位、学术机构、技术推广机构、行业协会或者专业人士、用户的名义或者形象作推荐、证明。

第二十八条 广告以虚假或者引人误解的内容欺骗、误导消费者的，构成虚假广告。

广告有下列情形之一的，为虚假广告：

（一）商品或者服务不存在的；

（二）商品的性能、功能、产地、用途、质量、规格、成分、价格、生产者、有效期限、销售状况、曾获荣誉等信息，或者服务的内容、提供者、形式、质量、价格、销售状况、曾获荣誉等信息，以及与商品或者服务有关的允诺等信息与实际情况不符，对购买行为有实质性影响的；

（三）使用虚构、伪造或者无法验证的科研成果、统计资料、调查结果、文摘、引用语等信息作证明材料的；

（四）虚构使用商品或者接受服务的效果的；

（五）以虚假或者引人误解的内容欺骗、误导消费者的其他情形。

第三章　广告行为规范

第二十九条 广播电台、电视台、报刊出版单位从事广告发布业务的，应当设有专门从事广告业务的机构，配备必要的人员，具有与发布广告相适应的场所、设备，并向县级以上地方工商行政管理部门办理广告发布登记。

第三十条 广告主、广告经营者、广告发布者之间在广告活动中应当依法订立书面合同。

第三十一条 广告主、广告经营者、广告发布者不得在广告活动中进行任何形式的不正当竞争。

第三十二条 广告主委托设计、制作、发布广告，应当委托具有合法经营资格的广告经营者、广告发布者。

第三十三条 广告主或者广告经营者在广告中使用他人名义或者形象的，应当事先取得其书面同意；使用无民事行为能力人、限制民事行为能力人的名义或者形象的，应当事先取得其监护人的书面同意。

第三十四条 广告经营者、广告发布者应当按照国家有关规定，建立、健全广告业务的承接登记、审核、档案管理制度。

广告经营者、广告发布者依据法律、行政法规查验有关证明文件，核对广告内容。对内容不符或者证明文件不全的广告，广告经营者不得提供设计、制作、代理服务，广告发布者不得发布。

第三十五条 广告经营者、广告发布者应当公布其收费标准和收费办法。

第三十六条 广告发布者向广告主、广告经营者提供的覆盖率、收视率、点击率、发行量等资料应当真实。

第三十七条 法律、行政法规规定禁止生产、销售的产品或者提供的服务，以及禁止发布广告的商品或者服务，任何单位或者个人不得设计、制作、代理、发布广告。

第三十八条 广告代言人在广告中对商品、服务作推荐、证明，应当依据事实，符合本法和有关法律、行政法规规定，并不得为其未使用过的商品或者未接受过的服务作推荐、证明。

不得利用不满十周岁的未成年人作为广告代言人。

对在虚假广告中作推荐、证明受到行政处罚未满三年的自然人、法人或者其他组织，不得利用其作为广告代言人。

第三十九条　不得在中小学校、幼儿园内开展广告活动，不得利用中小学生和幼儿的教材、教辅材料、练习册、文具、教具、校服、校车等发布或者变相发布广告，但公益广告除外。

第四十条　在针对未成年人的大众传播媒介上不得发布医疗、药品、保健食品、医疗器械、化妆品、酒类、美容广告，以及不利于未成年人身心健康的网络游戏广告。

针对不满十四周岁的未成年人的商品或者服务的广告不得含有下列内容：

（一）劝诱其要求家长购买广告商品或者服务；

（二）可能引发其模仿不安全行为。

第四十一条　县级以上地方人民政府应当组织有关部门加强对利用户外场所、空间、设施等发布户外广告的监督管理，制定户外广告设置规划和安全要求。

户外广告的管理办法，由地方性法规、地方政府规章规定。

第四十二条　有下列情形之一的，不得设置户外广告：

（一）利用交通安全设施、交通标志的；

（二）影响市政公共设施、交通安全设施、交通标志、消防设施、消防安全标志使用的；

（三）妨碍生产或者人民生活，损害市容市貌的；

（四）在国家机关、文物保护单位、风景名胜区等的建筑控制地带，或者县级以上地方人民政府禁止设置户外广告的区域设置的。

第四十三条　任何单位或者个人未经当事人同意或者请求，不得向其住宅、交通工具等发送广告，也不得以电子信息方式向其发送广告。

以电子信息方式发送广告的，应当明示发送者的真实身份和联系方式，并向接收者提供拒绝继续接收的方式。

第四十四条 利用互联网从事广告活动,适用本法的各项规定。

利用互联网发布、发送广告,不得影响用户正常使用网络。在互联网页面以弹出等形式发布的广告,应当显著标明关闭标志,确保一键关闭。

第四十五条 公共场所的管理者或者电信业务经营者、互联网信息服务提供者对其明知或者应知的利用其场所或者信息传输、发布平台发送、发布违法广告的,应当予以制止。

第四章 监督管理

第四十六条 发布医疗、药品、医疗器械、农药、兽药和保健食品广告,以及法律、行政法规规定应当进行审查的其他广告,应当在发布前由有关部门(以下称广告审查机关)对广告内容进行审查;未经审查,不得发布。

第四十七条 广告主申请广告审查,应当依照法律、行政法规向广告审查机关提交有关证明文件。

广告审查机关应当依照法律、行政法规规定作出审查决定,并应当将审查批准文件抄送同级工商行政管理部门。广告审查机关应当及时向社会公布批准的广告。

第四十八条 任何单位或者个人不得伪造、变造或者转让广告审查批准文件。

第四十九条 工商行政管理部门履行广告监督管理职责,可以行使下列职权:

(一)对涉嫌从事违法广告活动的场所实施现场检查;

(二)询问涉嫌违法当事人或者其法定代表人、主要负责人和其他有关人员,对有关单位或者个人进行调查;

（三）要求涉嫌违法当事人限期提供有关证明文件；

（四）查阅、复制与涉嫌违法广告有关的合同、票据、账簿、广告作品和其他有关资料；

（五）查封、扣押与涉嫌违法广告直接相关的广告物品、经营工具、设备等财物；

（六）责令暂停发布可能造成严重后果的涉嫌违法广告；

（七）法律、行政法规规定的其他职权。

工商行政管理部门应当建立健全广告监测制度，完善监测措施，及时发现和依法查处违法广告行为。

第五十条 国务院工商行政管理部门会同国务院有关部门，制定大众传播媒介广告发布行为规范。

第五十一条 工商行政管理部门依照本法规定行使职权，当事人应当协助、配合，不得拒绝、阻挠。

第五十二条 工商行政管理部门和有关部门及其工作人员对其在广告监督管理活动中知悉的商业秘密负有保密义务。

第五十三条 任何单位或者个人有权向工商行政管理部门和有关部门投诉、举报违反本法的行为。工商行政管理部门和有关部门应当向社会公开受理投诉、举报的电话、信箱或者电子邮件地址，接到投诉、举报的部门应当自收到投诉之日起七个工作日内，予以处理并告知投诉、举报人。

工商行政管理部门和有关部门不依法履行职责的，任何单位或者个人有权向其上级机关或者监察机关举报。接到举报的机关应当依法作出处理，并将处理结果及时告知举报人。

有关部门应当为投诉、举报人保密。

第五十四条 消费者协会和其他消费者组织对违反本法规定，发布虚假广告侵害消费者合法权益，以及其他损害社会公共利益的行为，依法进行社会监督。

第五章 法律责任

第五十五条 违反本法规定,发布虚假广告的,由工商行政管理部门责令停止发布广告,责令广告主在相应范围内消除影响,处广告费用三倍以上五倍以下的罚款,广告费用无法计算或者明显偏低的,处二十万元以上一百万元以下的罚款;两年内有三次以上违法行为或者有其他严重情节的,处广告费用五倍以上十倍以下的罚款,广告费用无法计算或者明显偏低的,处一百万元以上二百万元以下的罚款,可以吊销营业执照,并由广告审查机关撤销广告审查批准文件、一年内不受理其广告审查申请。

医疗机构有前款规定违法行为,情节严重的,除由工商行政管理部门依照本法处罚外,卫生行政部门可以吊销诊疗科目或者吊销医疗机构执业许可证。

广告经营者、广告发布者明知或者应知广告虚假仍设计、制作、代理、发布的,由工商行政管理部门没收广告费用,并处广告费用三倍以上五倍以下的罚款,广告费用无法计算或者明显偏低的,处二十万元以上一百万元以下的罚款;两年内有三次以上违法行为或者有其他严重情节的,处广告费用五倍以上十倍以下的罚款,广告费用无法计算或者明显偏低的,处一百万元以上二百万元以下的罚款,并可以由有关部门暂停广告发布业务、吊销营业执照、吊销广告发布登记证件。

广告主、广告经营者、广告发布者有本条第一款、第三款规定行为,构成犯罪的,依法追究刑事责任。

第五十六条 违反本法规定,发布虚假广告,欺骗、误导消费者,使购买商品或者接受服务的消费者的合法权益受到损害的,由广告主依法承担民事责任。广告经营者、广告发布者不能提供广告主的真实名称、地址和有效联系方式的,消费者可以要求广告经营者、广告发布者先行赔偿。

关系消费者生命健康的商品或者服务的虚假广告,造成消费者损害的,其广告经营者、广告发布者、广告代言人应当与广告主承担连带责任。

前款规定以外的商品或者服务的虚假广告,造成消费者损害的,其广告经营者、广告发布者、广告代言人,明知或者应知广告虚假仍设计、制作、代理、发布或者作推荐、证明的,应当与广告主承担连带责任。

第五十七条 有下列行为之一的,由工商行政管理部门责令停止发布广告,对广告主处二十万元以上一百万元以下的罚款,情节严重的,并可以吊销营业执照,由广告审查机关撤销广告审查批准文件、一年内不受理其广告审查申请;对广告经营者、广告发布者,由工商行政管理部门没收广告费用,处二十万元以上一百万元以下的罚款,情节严重的,并可以吊销营业执照、吊销广告发布登记证件:

(一)发布有本法第九条、第十条规定的禁止情形的广告的;

(二)违反本法第十五条规定发布处方药广告、药品类易制毒化学品广告、戒毒治疗的医疗器械和治疗方法广告的;

(三)违反本法第二十条规定,发布声称全部或者部分替代母乳的婴儿乳制品、饮料和其他食品广告的;

(四)违反本法第二十二条规定发布烟草广告的;

(五)违反本法第三十七条规定,利用广告推销禁止生产、销售的产品或者提供的服务,或者禁止发布广告的商品或者服务的;

（六）违反本法第四十条第一款规定，在针对未成年人的大众传播媒介上发布医疗、药品、保健食品、医疗器械、化妆品、酒类、美容广告，以及不利于未成年人身心健康的网络游戏广告的。

第五十八条 有下列行为之一的，由工商行政管理部门责令停止发布广告，责令广告主在相应范围内消除影响，处广告费用一倍以上三倍以下的罚款，广告费用无法计算或者明显偏低的，处十万元以上二十万元以下的罚款；情节严重的，处广告费用三倍以上五倍以下的罚款，广告费用无法计算或者明显偏低的，处二十万元以上一百万元以下的罚款，可以吊销营业执照，并由广告审查机关撤销广告审查批准文件、一年内不受理其广告审查申请：

（一）违反本法第十六条规定发布医疗、药品、医疗器械广告的；

（二）违反本法第十七条规定，在广告中涉及疾病治疗功能，以及使用医疗用语或者易使推销的商品与药品、医疗器械相混淆的用语的；

（三）违反本法第十八条规定发布保健食品广告的；

（四）违反本法第二十一条规定发布农药、兽药、饲料和饲料添加剂广告的；

（五）违反本法第二十三条规定发布酒类广告的；

（六）违反本法第二十四条规定发布教育、培训广告的；

（七）违反本法第二十五条规定发布招商等有投资回报预期的商品或者服务广告的；

（八）违反本法第二十六条规定发布房地产广告的；

（九）违反本法第二十七条规定发布农作物种子、林木种子、草种子、种畜禽、水产苗种和种养殖广告的；

（十）违反本法第三十八条第二款规定，利用不满十周岁的未成年人作为广告代言人的；

（十一）违反本法第三十八条第三款规定，利用自然人、法人或者其他组织作为广告代言人的；

（十二）违反本法第三十九条规定，在中小学校、幼儿园内或者利用与中小学生、幼儿有关的物品发布广告的；

（十三）违反本法第四十条第二款规定，发布针对不满十四周岁的未成年人的商品或者服务的广告的；

（十四）违反本法第四十六条规定，未经审查发布广告的。

医疗机构有前款规定违法行为，情节严重的，除由工商行政管理部门依照本法处罚外，卫生行政部门可以吊销诊疗科目或者吊销医疗机构执业许可证。

广告经营者、广告发布者明知或者应知有本条第一款规定违法行为仍设计、制作、代理、发布的，由工商行政管理部门没收广告费用，并处广告费用一倍以上三倍以下的罚款，广告费用无法计算或者明显偏低的，处十万元以上二十万元以下的罚款；情节严重的，处广告费用三倍以上五倍以下的罚款，广告费用无法计算或者明显偏低的，处二十万元以上一百万元以下的罚款，并可以由有关部门暂停广告发布业务、吊销营业执照、吊销广告发布登记证件。

第五十九条 有下列行为之一的，由工商行政管理部门责令停止发布广告，对广告主处十万元以下的罚款：

（一）广告内容违反本法第八条规定的；

（二）广告引证内容违反本法第十一条规定的；

（三）涉及专利的广告违反本法第十二条规定的；

（四）违反本法第十三条规定，广告贬低其他生产经营者的商品或者服务的。

广告经营者、广告发布者明知或者应知有前款规定违法行为仍设计、制作、代理、发布的，由工商行政管理部门处十万元以下的罚款。

广告违反本法第十四条规定，不具有可识别性的，或者违反本法第十九条规定，变相发布医疗、药品、医疗器械、保健食品广告的，由工商行政管理部门责令改正，对广告发布者处十万元以下的罚款。

第六十条　违反本法第二十九条规定，广播电台、电视台、报刊出版单位未办理广告发布登记，擅自从事广告发布业务的，由工商行政管理部门责令改正，没收违法所得，违法所得一万元以上的，并处违法所得一倍以上三倍以下的罚款；违法所得不足一万元的，并处五千元以上三万元以下的罚款。

第六十一条　违反本法第三十四条规定，广告经营者、广告发布者未按照国家有关规定建立、健全广告业务管理制度的，或者未对广告内容进行核对的，由工商行政管理部门责令改正，可以处五万元以下的罚款。

违反本法第三十五条规定，广告经营者、广告发布者未公布其收费标准和收费办法的，由价格主管部门责令改正，可以处五万元以下的罚款。

第六十二条　广告代言人有下列情形之一的，由工商行政管理部门没收违法所得，并处违法所得一倍以上二倍以下的罚款：

（一）违反本法第十六条第一款第四项规定，在医疗、药品、医疗器械广告中作推荐、证明的；

（二）违反本法第十八条第一款第五项规定，在保健食品广告中作推荐、证明的；

（三）违反本法第三十八条第一款规定，为其未使用过的商

品或者未接受过的服务作推荐、证明的;

(四) 明知或者应知广告虚假仍在广告中对商品、服务作推荐、证明的。

第六十三条 违反本法第四十三条规定发送广告的,由有关部门责令停止违法行为,对广告主处五千元以上三万元以下的罚款。

违反本法第四十四条第二款规定,利用互联网发布广告,未显著标明关闭标志,确保一键关闭的,由工商行政管理部门责令改正,对广告主处五千元以上三万元以下的罚款。

第六十四条 违反本法第四十五条规定,公共场所的管理者和电信业务经营者、互联网信息服务提供者,明知或者应知广告活动违法不予制止的,由工商行政管理部门没收违法所得,违法所得五万元以上的,并处违法所得一倍以上三倍以下的罚款,违法所得不足五万元的,并处一万元以上五万元以下的罚款;情节严重的,由有关部门依法停止相关业务。

第六十五条 违反本法规定,隐瞒真实情况或者提供虚假材料申请广告审查的,广告审查机关不予受理或者不予批准,予以警告,一年内不受理该申请人的广告审查申请;以欺骗、贿赂等不正当手段取得广告审查批准的,广告审查机关予以撤销,处十万元以上二十万元以下的罚款,三年内不受理该申请人的广告审查申请。

第六十六条 违反本法规定,伪造、变造或者转让广告审查批准文件的,由工商行政管理部门没收违法所得,并处一万元以上十万元以下的罚款。

第六十七条 有本法规定的违法行为的,由工商行政管理部门记入信用档案,并依照有关法律、行政法规规定予以公示。

第六十八条 广播电台、电视台、报刊音像出版单位发布违法广告，或者以新闻报道形式变相发布广告，或者以介绍健康、养生知识等形式变相发布医疗、药品、医疗器械、保健食品广告，工商行政管理部门依照本法给予处罚的，应当通报新闻出版广电部门以及其他有关部门。新闻出版广电部门以及其他有关部门应当依法对负有责任的主管人员和直接责任人员给予处分；情节严重的，并可以暂停媒体的广告发布业务。

新闻出版广电部门以及其他有关部门未依照前款规定对广播电台、电视台、报刊音像出版单位进行处理的，对负有责任的主管人员和直接责任人员，依法给予处分。

第六十九条 广告主、广告经营者、广告发布者违反本法规定，有下列侵权行为之一的，依法承担民事责任：

（一）在广告中损害未成年人或者残疾人的身心健康的；

（二）假冒他人专利的；

（三）贬低其他生产经营者的商品、服务的；

（四）在广告中未经同意使用他人名义或者形象的；

（五）其他侵犯他人合法民事权益的。

第七十条 因发布虚假广告，或者有其他本法规定的违法行为，被吊销营业执照的公司、企业的法定代表人，对违法行为负有个人责任的，自该公司、企业被吊销营业执照之日起三年内不得担任公司、企业的董事、监事、高级管理人员。

第七十一条 违反本法规定，拒绝、阻挠工商行政管理部门监督检查，或者有其他构成违反治安管理行为的，依法给予治安管理处罚；构成犯罪的，依法追究刑事责任。

第七十二条 广告审查机关对违法的广告内容作出审查批准决定的，对负有责任的主管人员和直接责任人员，由任免机关或者监察机关依法给予处分；构成犯罪的，依法追究刑事责任。

第七十三条 工商行政管理部门对在履行广告监测职责中发现的违法广告行为或者对经投诉、举报的违法广告行为，不依法予以查处的，对负有责任的主管人员和直接责任人员，依法给予处分。

工商行政管理部门和负责广告管理相关工作的有关部门的工作人员玩忽职守、滥用职权、徇私舞弊的，依法给予处分。

有前两款行为，构成犯罪的，依法追究刑事责任。

第六章 附　则

第七十四条 国家鼓励、支持开展公益广告宣传活动，传播社会主义核心价值观，倡导文明风尚。

大众传播媒介有义务发布公益广告。广播电台、电视台、报刊出版单位应当按照规定的版面、时段、时长发布公益广告。公益广告的管理办法，由国务院工商行政管理部门会同有关部门制定。

第七十五条 本法自 2015 年 9 月 1 日起施行。

附 录

广告宣传精神文明自律规则

工商广字〔1998〕第 40 号

第一条 为加强广告行业的精神文明建设，提高各类广告的精神文明标准，根据《中国广告协会章程》总则第三条制定本规则，作为"中国广告协会自律规则"的单项规则，中国广告协会的会员应自觉遵守。

第二条 利用各种媒体和形式发布的各类广告，都应当遵守《中华人民共和国广告法》和有关政策、法规关于社会主义精神文明建设的规定，符合社会主义精神文明建设的要求。

第三条 广告作品应当体现社会主义思想道德风貌，积极倡导和反映爱祖国、爱人民、爱劳动、爱科学、爱社会主义的好风尚。广告创作应当体现下列原则：

（一）有利于引导消费者健康消费，反对奢靡；

（二）有利于弘扬中华民族精神和民族文化，增强民族自信心和自豪感；

（三）有利于普及推广科学知识，破除和反对封建迷信和伪科学；

（四）有利于促进国家各项建设事业的健康发展；

（五）有利于国家统一和民族的团结和睦。

第四条 广告应维护国家尊严和利益，不得出现下列内容：

（一）危害国家统一、主权和领土完整；

（二）丑化、影射、诽谤、侮辱我国国家领导人和著名人物；

（三）使用禁止演唱的歌曲作为背景音乐；

（四）煽动民族分裂、破坏民族团结、伤害民族感情。

第五条 广告应当体现科学、真诚、善良、不得夸大、欺骗、宣传伪科学，不得出现带有封建迷信、鬼神、算命、相面、看风水及恐怖、暴力、丑恶的内容。

第六条 广告应有利于维护社会公共秩序和树立新的社会风尚，在广告中不得出现破坏公共设施、公共环境秩序的行为，以及吸烟、酗酒、虐待老人和儿童，纵容犯罪，以强凌弱等不文明举止以至违法的行为。

第七条 广告应当体现尊重妇女，男女平等。凡涉及妇女形象的，应当展示社会主义国家女性公民的独立地位和庄重形象，不得出现下列内容：

（一）歧视、侮辱妇女，宣扬男尊女卑，伤害、排斥女性；

（二）性行为，性挑逗的描述和过分地展现性特征；

（三）具体描写、形容与性行为有关的用品、药品、滋补品的特征、功能。

第八条 广告应有利于儿童身心健康。儿童使用的产品或者儿童参加演示的广告，必须注意儿童优秀思想品德的树立和培养；广告中出现的儿童和家长形象，应表现出良好的思想道德修养，不得出现下列内容：

（一）利用儿童给家长施加压力；

（二）儿童对长辈和他人不尊重、不友善或有不文明举止；

（三）以是否拥有某种商品而使儿童产生优越感或自卑感；

（四）利用超出儿童判断力的描述，使儿童误解或变相欺骗儿童或其他消费者；

（五）表现不应由儿童单独从事的某种活动；

（六）画面出现青少年及儿童吸烟、饮酒形象。

第九条 广告要正确引导大众消费，不得出现下列内容：

（一）直接或间接宣扬享乐主义，奢靡颓废的生活方式；

（二）使用封建帝王、贵族的名称、形象以衬托产品高贵特征；

（三）诱导人们在消费中可能采取不良行为。

第十条 广告内容要体现尊重和弘扬祖国优秀传统文化，要正确使用祖国的语言文字、大力推广普通话，不得出现下列内容：

（一）广告道白用地方语言代替普通话（地区性媒介除外）；

（二）贬低、丑化、否定祖国优秀传统文化；

（三）不恰当地编造谐音成语或使用文理不通的语句，引起误导；

（四）使用已被简化了的繁体字和不符合规定的各种简体字、异体字；

（五）单独使用汉语拼音而无汉字并用

第十一条 不符合规范标准的广告用字，有下列情况之一的应被允许使用：（1）建国前书写并沿用至今的老字号牌匾用字；（2）文物古迹中原有的文字；（3）已注册商标定型字。

第十二条 广告要客观公正地宣传国内外商品，不得诱导消费者对外国商品盲目崇拜，对民族工业产品盲目贬低。

第十三条 会员单位在广告创作、设计制作过程中应自觉遵守本《规则》的规定，在发布广告前应当按照广告管理法律、法规的规定，并参照本《规则》严格审查广告内容。

第十四条 中广协各专业委员会应根据本专业实际情况，增补自律条款，并切实加强本专业的自律。

第十五条 对违反本《规则》的会员单位，中广协将视情节轻重给予批评、通报批评、除名等处分。

广告管理条例

（1987 年 10 月 26 日国务院公布）

第一条 为了加强广告管理，推动广告事业的发展，有效地利用广告媒介为社会主义建设服务，制定本条例。

第二条 凡通过报刊、广播、电视、电影、路牌、橱窗、印刷品、霓虹灯等媒介或者形式，在中华人民共和国境内刊播、设置、张贴广告，均属本条例管理范围。

第三条 广告内容必须真实、健康、清晰、明白，不得以任何形式欺骗用户和消费者。

第四条 在广告经营活动中，禁止垄断和不正当竞争行为。

第五条 广告的管理机关是国家工商行政管理机关和地方各级工商行政管理机关。

第六条 经营广告业务的单位和个体工商户（以下简称广告经营者），应当按照本条例和有关法规的规定，向工商行政管理机关申请，分别情况办理审批登记手续：

（一）专营广告业务的企业，发给《企业法人营业执照》；

（二）兼营广告业务的事业单位，发给《广告经营许可证》；

（三）具备经营广告业务能力的个体工商户，发给《营业执照》；

（四）兼营广告业务的企业，应当办理经营范围变更登记。

第七条 广告客户申请刊播、设置、张贴的广告，其内容应当在广告客户的经营范围或者国家许可的范围内。

第八条 广告有下列内容之一的，不得刊播、设置、张贴：

（一）违反我国法律、法规的；

（二）损害我国民族尊严的；

（三）有中国国旗、国徽、国歌标志、国歌音响的；

（四）有反动、淫秽、迷信、荒诞内容的；

（五）弄虚作假的；

（六）贬低同类产品的。

第九条 新闻单位刊播广告，应当有明确的标志。新闻单位不得以新闻报道形式刊播广告，收取费用；新闻记者不得借采访名义招揽广告。

第十条 禁止利用广播、电视、报刊为卷烟做广告。

获得国家级、部级、省级各类奖的优质名酒，经工商行政管理机关批准，可以做广告。

第十一条 申请刊播、设置、张贴下列广告，应当提交有关证明：

（一）标明质量标准的商品广告，应当提交省辖市以上标准化管理部门或者经计量认证合格的质量检验机构的证明；

（二）标明获奖的商品广告，应当提交本届、本年度或者数届、数年度连续获奖的证书，并在广告中注明获奖级别和颁奖部门；

（三）标明优质产品称号的商品广告，应当提交政府颁发的优质产品证书，并在广告中标明授予优质产品称号的时间和部门；

（四）标明专利权的商品广告，应当提交专利证书；

（五）标明注册商标的商品广告，应当提交商标注册证；

（六）实施生产许可证的产品广告，应当提交生产许可证；

（七）文化、教育、卫生广告，应当提交上级行政主管部门的证明；

（八）其他各类广告，需要提交证明的，应当提交政府有关部门或者其授权单位的证明。

第十二条 广告经营者承办或者代理广告业务，应当查验证明，审查广告内容。对违反本条例规定的广告，不得刊播、设置、张贴。

第十三条 户外广告的设置、张贴，由当地人民政府组织工商行政管理、城建、环保、公安等有关部门制订规划，工商行政管理机关负责监督实施。

在政府机关和文物保护单位周围的建筑控制地带以及当地人民政府禁止设置、张贴广告的区域，不得设置、张贴广告。

第十四条 广告收费标准，由广告经营者制订，报当地工商行政管理机关和物价管理机关备案。

第十五条 广告业务代理费标准，由国家工商行政管理机关会同国家物价管理机关制定。

户外广告场地费、建筑物占用费的收费标准，由当地工商行政管理机关会同物价、城建部门协商制订，报当地人民政府批准。

第十六条 广告经营者必须按照国家规定设置广告会计帐簿，依法纳税，并接受财政、审计、工商行政管理部门的监督检查。

第十七条 广告经营者承办或者代理广告业务，应当与客户或者被代理人签订书面合同，明确各方的责任。

第十八条 广告客户或者广告经营者违反本条例规定，由工商行政管理机关根据其情节轻重，分别给予下列处罚：

（一）停止发布广告；

（二）责令公开更正；

（三）通报批评；

（四）没收非法所得；

（五）罚款；

（六）停业整顿；

（七）吊销营业执照或者广告经营许可证。

违反本条例规定，情节严重，构成犯罪的，由司法机关依法追究刑事责任。

第十九条 广告客户和广告经营者对工商行政管理机关处罚决定不服的，可以在收到处罚通知之日起十五日内，向上一级工商行政管理机关申请复议。对复议决定仍不服的，可以在收到复议决定之日起三十日内，向人民法院起诉。

第二十条 广告客户和广告经营者违反本条例规定，使用户和消费者蒙受损失，或者有其他侵权行为的，应当承担赔偿责任。

损害赔偿，受害人可以请求县以上工商行政管理机关处理。当事人对工商行政管理机关处理不服的，可以向人民法院起诉。受害人也可以直接向人民法院起诉。

第二十一条 本条例由国家工商行政管理局负责解释；施行细则由国家工商行政管理局制定。

第二十二条 本条例自一九八七年十二月一日起施行。一九八二年二月六日国务院发布的《广告管理暂行条例》同时废止。

互联网广告管理暂行办法

国家工商行政管理总局令

第 87 号

《互联网广告管理暂行办法》已经国家工商行政管理总局局务会议审议通过，现予公布，自 2016 年 9 月 1 日起施行。

局长　张茅

2016 年 7 月 4 日

第一条　为了规范互联网广告活动，保护消费者的合法权益，促进互联网广告业的健康发展，维护公平竞争的市场经济秩序，根据《中华人民共和国广告法》（以下简称广告法）等法律、行政法规，制定本办法。

第二条　利用互联网从事广告活动，适用广告法和本办法的规定。

第三条　本办法所称互联网广告，是指通过网站、网页、互联网应用程序等互联网媒介，以文字、图片、音频、视频或者其他形式，直接或者间接地推销商品或者服务的商业广告。

前款所称互联网广告包括：

（一）推销商品或者服务的含有链接的文字、图片或者视频等形式的广告；

（二）推销商品或者服务的电子邮件广告；

（三）推销商品或者服务的付费搜索广告；

（四）推销商品或者服务的商业性展示中的广告，法律、法规和规章规定经营者应当向消费者提供的信息的展示依照其规定；

（五）其他通过互联网媒介推销商品或者服务的商业广告。

第四条 鼓励和支持广告行业组织依照法律、法规、规章和章程的规定，制定行业规范，加强行业自律，促进行业发展，引导会员依法从事互联网广告活动，推动互联网广告行业诚信建设。

第五条 法律、行政法规规定禁止生产、销售的商品或者提供的服务，以及禁止发布广告的商品或者服务，任何单位或者个人不得在互联网上设计、制作、代理、发布广告。

禁止利用互联网发布处方药和烟草的广告。

第六条 医疗、药品、特殊医学用途配方食品、医疗器械、农药、兽药、保健食品广告等法律、行政法规规定须经广告审查机关进行审查的特殊商品或者服务的广告，未经审查，不得发布。

第七条 互联网广告应当具有可识别性，显著标明"广告"，使消费者能够辨明其为广告。

付费搜索广告应当与自然搜索结果明显区分。

第八条 利用互联网发布、发送广告，不得影响用户正常使用网络。在互联网页面以弹出等形式发布的广告，应当显著标明关闭标志，确保一键关闭。

不得以欺骗方式诱使用户点击广告内容。

未经允许，不得在用户发送的电子邮件中附加广告或者广告链接。

第九条 互联网广告主、广告经营者、广告发布者之间在互联网广告活动中应当依法订立书面合同。

第十条 互联网广告主应当对广告内容的真实性负责。

广告主发布互联网广告需具备的主体身份、行政许可、引证内容等证明文件，应当真实、合法、有效。

广告主可以通过自设网站或者拥有合法使用权的互联网媒介自行发布广告，也可以委托互联网广告经营者、广告发布者发布广告。

互联网广告主委托互联网广告经营者、广告发布者发布广告，修改广告内容时，应当以书面形式或者其他可以被确认的方式通知为其提供服务的互联网广告经营者、广告发布者。

第十一条 为广告主或者广告经营者推送或者展示互联网广告，并能够核对广告内容、决定广告发布的自然人、法人或者其他组织，是互联网广告的发布者。

第十二条 互联网广告发布者、广告经营者应当按照国家有关规定建立、健全互联网广告业务的承接登记、审核、档案管理制度；审核查验并登记广告主的名称、地址和有效联系方式等主体身份信息，建立登记档案并定期核实更新。

互联网广告发布者、广告经营者应当查验有关证明文件，核对广告内容，对内容不符或者证明文件不全的广告，不得设计、制作、代理、发布。

互联网广告发布者、广告经营者应当配备熟悉广告法规的广告审查人员；有条件的还应当设立专门机构，负责互联网广告的审查。

第十三条 互联网广告可以以程序化购买广告的方式，通过广告需求方平台、媒介方平台以及广告信息交换平台等所提供的信息整合、数据分析等服务进行有针对性地发布。

通过程序化购买广告方式发布的互联网广告，广告需求方平台经营者应当清晰标明广告来源。

第十四条 广告需求方平台是指整合广告主需求，为广告主提供发布服务的广告主服务平台。广告需求方平台的经营者是互联网广告发布者、广告经营者。

媒介方平台是指整合媒介方资源，为媒介所有者或者管理者提供程序化的广告分配和筛选的媒介服务平台。

广告信息交换平台是提供数据交换、分析匹配、交易结算等服务的数据处理平台。

第十五条 广告需求方平台经营者、媒介方平台经营者、广告信息交换平台经营者以及媒介方平台的成员，在订立互联网广告合同时，应当查验合同相对方的主体身份证明文件、真实名称、地址和有效联系方式等信息，建立登记档案并定期核实更新。

媒介方平台经营者、广告信息交换平台经营者以及媒介方平台成员，对其明知或者应知的违法广告，应当采取删除、屏蔽、断开链接等技术措施和管理措施，予以制止。

第十六条 互联网广告活动中不得有下列行为：

（一）提供或者利用应用程序、硬件等对他人正当经营的广告采取拦截、过滤、覆盖、快进等限制措施；

（二）利用网络通路、网络设备、应用程序等破坏正常广告数据传输，篡改或者遮挡他人正当经营的广告，擅自加载广告；

（三）利用虚假的统计数据、传播效果或者互联网媒介价值，诱导错误报价，谋取不正当利益或者损害他人利益。

第十七条 未参与互联网广告经营活动，仅为互联网广告提供信息服务的互联网信息服务提供者，对其明知或者应知利用其信息服务发布违法广告的，应当予以制止。

第十八条 对互联网广告违法行为实施行政处罚，由广告发布者所在地工商行政管理部门管辖。广告发布者所在地工商行政管理部门管辖异地广告主、广告经营者有困难的，可以将广告主、广告经营者的违法情况移交广告主、广告经营者所在地工商行政管理部门处理。

广告主所在地、广告经营者所在地工商行政管理部门先行发现违法线索或者收到投诉、举报的，也可以进行管辖。

对广告主自行发布的违法广告实施行政处罚，由广告主所在地工商行政管理部门管辖。

第十九条 工商行政管理部门在查处违法广告时，可以行使下列职权：

（一）对涉嫌从事违法广告活动的场所实施现场检查；

（二）询问涉嫌违法的有关当事人，对有关单位或者个人进行调查；

（三）要求涉嫌违法当事人限期提供有关证明文件；

（四）查阅、复制与涉嫌违法广告有关的合同、票据、账簿、广告作品和互联网广告后台数据，采用截屏、页面另存、拍照等方法确认互联网广告内容；

（五）责令暂停发布可能造成严重后果的涉嫌违法广告。

工商行政管理部门依法行使前款规定的职权时，当事人应当协助、配合，不得拒绝、阻挠或者隐瞒真实情况。

第二十条 工商行政管理部门对互联网广告的技术监测记录资料，可以作为对违法的互联网广告实施行政处罚或者采取行政措施的电子数据证据。

第二十一条 违反本办法第五条第一款规定，利用互联网广告推销禁止生产、销售的产品或者提供的服务，或者禁止发布广告的商品或者服务的，依照广告法第五十七条第五项的规定予以处罚；违反第二款的规定，利用互联网发布处方药、烟草广告的，依照广告法第五十七条第二项、第四项的规定予以处罚。

第二十二条 违反本办法第六条规定，未经审查发布广告的，依照广告法第五十八条第一款第十四项的规定予以处罚。

第二十三条 互联网广告违反本办法第七条规定，不具有可识别性的，依照广告法第五十九条第三款的规定予以处罚。

第二十四条 违反本办法第八条第一款规定，利用互联网发布广告，未显著标明关闭标志并确保一键关闭的，依照广告法第六十三条第二款的规定进行处罚；违反第二款、第三款规定，以欺骗方式诱使用户点击广告内容的，或者未经允许，在用户发送的电子邮件中附加广告或者广告链接的，责令改正，处一万元以上三万元以下的罚款。

第二十五条 违反本办法第十二条第一款、第二款规定，互联网广告发布者、广告经营者未按照国家有关规定建立、健全广告业务管理制度的，或者未对广告内容进行核对的，依照广告法第六十一条第一款的规定予以处罚。

第二十六条 有下列情形之一的，责令改正，处一万元以上三万元以下的罚款：

（一）广告需求方平台经营者违反本办法第十三条第二款规定，通过程序化购买方式发布的广告未标明来源的；

（二）媒介方平台经营者、广告信息交换平台经营者以及媒介方平台成员，违反本办法第十五条第一款、第二款规定，未履行相关义务的。

第二十七条 违反本办法第十七条规定，互联网信息服务提供者明知或者应知互联网广告活动违法不予制止的，依照广告法第六十四条规定予以处罚。

第二十八条 工商行政管理部门依照广告法和本办法规定所做出的行政处罚决定，应当通过企业信用信息公示系统依法向社会公示。

第二十九条 本办法自 2016 年 9 月 1 日起施行。

广告发布登记管理规定

国家工商行政管理总局令

第 89 号

《广告发布登记管理规定》已经中华人民共和国国家工商行政管理总局局务会议审议通过，现予公布，自 2016 年 12 月 1 日起施行。

局长 张茅

2016 年 11 月 1 日

第一条 为加强对广告发布活动的监督管理，规范广告发布登记，根据《中华人民共和国广告法》（以下简称广告法）、《中华人民共和国行政许可法》等法律、行政法规，制定本规定。

第二条 广播电台、电视台、报刊出版单位（以下统称广告发布单位）从事广告发布业务的，应当向所在地县级以上地方工商行政管理部门申请办理广告发布登记。

第三条 国家工商行政管理总局主管全国广告发布登记的监督管理工作。

县级以上地方工商行政管理部门负责辖区内的广告发布登记和相关监督管理工作。

第四条 办理广告发布登记，应当具备下列条件：

（一）具有法人资格；不具有法人资格的报刊出版单位，由其具有法人资格的主办单位申请办理广告发布登记；

（二）设有专门从事广告业务的机构；

（三）配有广告从业人员和熟悉广告法律法规的广告审查人员；

（四）具有与广告发布相适应的场所、设备。

第五条 申请办理广告发布登记，应当向工商行政管理部门提交下列材料：

（一）《广告发布登记申请表》；

（二）相关媒体批准文件：广播电台、电视台应当提交《广播电视播出机构许可证》和《广播电视频道许可证》，报纸出版单位应当提交《报纸出版许可证》，期刊出版单位应当提交《期刊出版许可证》；

（三）法人资格证明文件；

（四）广告业务机构证明文件及其负责人任命文件；

（五）广告从业人员和广告审查人员证明文件；

（六）场所使用证明。

工商行政管理部门应当自受理申请之日起五个工作日内，作出是否准予登记的决定。准予登记的，应当将准予登记决定向社会公布；不予登记的，书面说明理由。

第六条 广告发布单位应当使用自有的广播频率、电视频道、报纸、期刊发布广告。

第七条 广告发布登记的有效期限，应当与广告发布单位依照本规定第五条第一款第二项规定所提交的批准文件的有效期限一致。

第八条 广告发布登记事项发生变化的，广告发布单位应当自该事项发生变化之日起三十日内向工商行政管理部门申请变更登记。

申请变更广告发布登记应当提交《广告发布变更登记申请表》和与变更事项相关的证明文件。

工商行政管理部门应当自受理变更申请之日起五个工作日内作出是否准予变更的决定。准予变更的，应当将准予变更决定向社会公布；不予变更的，书面说明理由。

第九条 有下列情形之一的，广告发布单位应当及时向工商行政管理部门申请注销登记：

（一）广告发布登记有效期届满且广告发布单位未申请延续的；

（二）广告发布单位法人资格依法终止的；

（三）广告发布登记依法被撤销或者被吊销的；

（四）广告发布单位由于情况发生变化不具备本规定第四条规定的条件的；

（五）广告发布单位停止从事广告发布的；

（六）依法应当注销广告发布登记的其他情形。

第十条 广告发布登记有效期届满需要延续的，广告发布单位应当于有效期届满三十日前向工商行政管理部门提出延续申请。工商行政管理部门应当在广告发布登记有效期届满前作出是否准予延续的决定。准予延续的，应当将准予延续的决定向社会公布；不予延续的，书面说明理由；逾期未作决定的，视为准予延续。

第十一条 广告发布单位应当建立、健全广告业务的承接登记、审核、档案管理、统计报表等制度。

第十二条 广告发布单位应当按照广告业统计报表制度的要求，按时通过广告业统计系统填报《广告业统计报表》，向工商行政管理部门报送上一年度广告经营情况。

第十三条 工商行政管理部门应当依照有关规定对辖区内的广告发布单位采取抽查等形式进行监督管理。抽查内容包括：

（一）是否按照广告发布登记事项从事广告发布活动；

（二）广告从业人员和广告审查人员情况；

（三）广告业务承接登记、审核、档案管理、统计报表等基本管理制度的建立和执行情况；

（四）是否按照规定报送《广告业统计报表》；

（五）其他需要进行抽查的事项。

第十四条 工商行政管理部门依照广告法的规定吊销广告发布单位的广告发布登记的，应当自决定作出之日起十日内抄告为该广告发布单位进行广告发布登记的工商行政管理部门。

第十五条 广播电台、电视台、报刊出版单位未办理广告发布登记，擅自从事广告发布业务的，由工商行政管理部门依照广告法第六十条的规定查处。

以欺骗、贿赂等不正当手段取得广告发布登记的，由工商行政管理部门依法予以撤销，处一万元以上三万元以下罚款。

广告发布登记事项发生变化，广告发布单位未按规定办理变更登记的，由工商行政管理部门责令限期变更；逾期仍未办理变更登记的，处一万元以上三万元以下罚款。

广告发布单位不按规定报送《广告业统计报表》的，由工商行政管理部门予以警告，责令改正；拒不改正的，处一万元以下罚款。

第十六条 工商行政管理部门应当将准予广告发布登记、变更登记、注销登记等广告发布登记信息通过本部门门户网站或者政府公共服务平台向社会公布。无法通过上述途径公布的，应当通过报纸等大众传播媒介向社会公布。

企业的广告发布登记信息和行政处罚信息，应当通过企业信用信息公示系统依法向社会公示。

第十七条 本办法自 2016 年 12 月 1 日起施行。2004 年 11 月 30 日国家工商行政管理总局公布的《广告经营许可证管理办法》同时废止。

广告语言文字管理暂行规定

（1998 年 1 月 15 日国家工商行政管理局令第 84 号
发布；根据 1998 年 12 月 3 日国家工商行政管理局令第
86 号修订）

第一条 为促进广告语言文字使用的规范化、标准化，保证广告语言文字表述清晰、准确、完整，避免误导消费者，根据《中华人民共和国广告法》和国家有关法律、法规，制定本规定。

第二条 凡在中华人民共和国境内发布的广告中使用的语言文字，均适用本规定。

本规定中所称的语言文字，是指普通话和规范汉字、国家批准通用的少数民族语言文字，以及在中华人民共和国境内使用的外国语言文字。

第三条 广告使用的语言文字，用语应当清晰、准确，用字应当规范、标准。

第四条 广告使用的语言文字应当符合社会主义精神文明建设的要求，不得含有不良文化内容。

第五条 广告用语用字应当使用普通话和规范汉字。

根据国家规定，广播电台、电视台可以使用方言播音的节目，其广告中可以使用方言；广播电台、电视台使用少数民族语言播音的节目，其广告应当使用少数民族语言文字。

在民族自治地方，广告用语用字参照《民族自治地方语言文字单行条例》执行。

第六条 广告中不得单独使用汉语拼音。广告中如需使用汉语拼音时，应当正确、规范，并与规范汉字同时使用。

第七条　广告中数字、标点符号的用法和计量单位等，应当符合国家标准和有关规定。

第八条　广告中不得单独使用外国语言文字。

广告中如因特殊需要配合使用外国语言文字时，应当采用以普通话和规范汉字为主、外国语言文字为辅的形式，不得在同一广告语句中夹杂使用外国语言文字。广告中的外国语言文字所表达的意思，与中文意思不一致的，以中文意思为准。

第九条　在下列情况下，广告中使用的外国语言文字不适用第八条规定：

（一）商品、服务通用名称，已注册的商标，经国家有关部门认可的国际通用标志、专业技术标准等；

（二）经国家有关部门批准，以外国语言文字为主的媒介中的广告所使用的外国语言文字。

第十条　广告用语用字，不得出现下列情形：

（一）使用错别字；

（二）违反国家法律、法规规定使用繁体字；

（三）使用国家已废止的异体字和简化字；

（四）使用国家已废止的印刷字形；

（五）其他不规范使用的语言文字。

第十一条　广告中成语的使用必须符合国家有关规定，不得引起误导，对社会造成不良影响。

第十二条　广告中出现的注册商标定型字、文物古迹中原有的文字以及经国家有关部门认可的企业字号用字等，不适用本规定第十条规定，但应当与原形一致，不得引起误导。

第十三条　广告中因创意等需要使用的手书体字、美术字、变体字、古文字，应当易于辨认，不得引起误导。

第十四条 违反本规定第四条的，由广告监督管理机关责令停止发布广告，对负有责任的广告主、广告经营者、广告发布者视其情节予以通报批评，处以违法所得额三倍以下的罚款，但最高不超过三万元，没有违法所得的，处以一万元以下的罚款。

第十五条 违反本规定其他条款的，由广告监督管理机关责令限期改正，逾期未能改正的，对负有责任的广告主、广告经营者、广告发布者处以1万元以下罚款。

第十六条 本规定自公布之日起施行。

关于受理违法广告举报工作的规定

国家工商行政管理局印发
《关于受理违法广告举报工作的规定》的通知
工商广字〔1996〕第 391 号

各省、自治区、直辖市及计划单列市工商行政管理局：

现将《关于受理违法广告举报工作的规定》印发
给你们，请遵照执行。

1996 年 12 月 5 日

第一条 为保护公民、法人和其他组织的合法权益，依法
规范工商行政管理机关受理违法广告举报工作，特制定本
规定。

第二条 国家工商行政管理局负责监督、指导、协调地方
各级工商行政管理机关受理违法广告举报工作，调查处理有重
大影响的举报。

第三条 省、自治区、直辖市工商行政管理局负责指导、
协调辖区内违法广告举报受理工作，调查处理或者指定下级工
商行政管理机关调查处理辖区内有重大影响和上级转办的举报。

第四条 市（地区）、县级工商行政管理局具体受理本地和
调查处理上级机关转办的举报。

第五条 公民、法人和其他组织对以下违法广告，有权向
工商行政管理机关举报：

（一）损害国家和社会公共利益的广告。

（二）损害公民、法人和其他组织合法权益的广告。

（三）不符合社会主义精神文明建设要求的广告。

（四）内容虚假的广告。

（五）其他违反国家法律、法规及有关规定的广告。

第六条 举报违法广告，举报人除特殊情况可以以电话、电报形式或者委托他人举报外，一般应当以信函形式进行举报。为便于调查核实，举报材料应写明真实姓名及联系方法。

举报人认为必要，可以到工商行政管理机关当面举报。

第七条 举报人应当对举报的违法事实举证，说明具体的举报事项，提供违法广告发布的媒介、版面、时间等有关的证据材料。

在必要情况下，工商行政管理机关也可以要求被举报的广告主、广告经营者、广告发布者举证。

第八条 工商行政管理机关应当对接到举报材料的有关事项进行登记，注明举报材料的来源、去向及承办人，对内容不清，暂时难以核实或者转办的举报材料，应当保存一年以上。

第九条 工商行政管理机关对无法调查核实的匿名举报信函，可以不予受理。

对利用举报捏造事实，损害竞争对手信誉，进行不正当竞争的单位或者个人，工商行政管理机关应当依法严肃处理。

第十条 工商行政管理机关对发布时间超过两年的违法广告的举报，可以不予受理。

第十一条 工商行政管理机关一般应当按照对广告发布者或者自行发布广告的广告主的管理权限受理举报。对不在管辖权限内的举报，应当于十日内转交有管辖权的工商行政管理机关调查处理。上级工商行政管理机关收到应当由下级工商行政管理机关管辖的举报，应当逐级在收到举报材料后十日内转交下级工商行政管理机关调查处理。

对典型重大举报，上级工商行政管理机关认为有必要，可以自行调查处理，或者与下级工商行政管理机关共同调查处理。

第十二条 广告发布地的工商行政管理机关接到反映异地广告主、广告发布者在本地进行违法广告活动的举报的，可以视情况按照有关规定及时立案查处，予以制止和纠正。

第十三条 工商行政管理机关应当根据举报材料，对举报事实进行初步认定和调查核实。对事实清楚、情节简单的违法广告，应当自接到举报材料之日起一个月内立案查处；对调查核实六个月仍难以认定的举报，应当将情况报告上级机关。

对立案后的违法广告，工商行政管理机关应当依据有关行政处罚程序进行处理。

第十四条 工商行政管理机关在调查核实举报的违法广告的过程中，认为需要委托广告主所在地工商行政管理机关协助调查、核实的，应当出具书面委托函；受委托的工商行政管理机关应当积极予以协助，并自收到委托函之日起一个月内，调查核实清楚所委托的事项，函复原发文机关。发出委托函一个月后仍未收到复函的，原发文机关可以请求广告主所在地上级工商行政管理机关协调处理。

第十五条 下级工商行政管理机关对上级机关转办的典型重大举报，应当按照上级工商行政管理机关的要求，在立案查处后报送处理情况。

第十六条 对涉及侵害举报人民事权益的违法广告，工商行政管理机关在按照行政程序对违法广告当事人做出处理后，应举报人的要求，可以将处理结果告知举报人。

第十七条 工商行政管理机关对不属于举报范围的情况反映、工作建议等群众来函来电，应当认真对待，作为广告监督管理机关的工作参考。对举报的内容属于其他部门管辖的，应当转交有关部门处理。

第十八条 各级工商行政管理机关受理违法广告举报的工作人员，应当按照本规定要求依法行政，并为举报人保密。对严重违反本规定的行为，依照《广告法》第四十六条的规定处理。

第十九条 本规定自 1997 年 1 月 1 日起执行。

国家工商行政管理总局关于推进
广告战略实施的意见

工商广字〔2012〕60号

各省、自治区、直辖市及计划单列市、副省级市工商行政管理局、市场监督管理局：

广告业是现代服务业和文化产业的重要组成部分，在塑造品牌、展示形象，推动创新、促进发展，引导消费、拉动内需，传播先进文化、构建和谐社会等方面发挥着积极作用。在我国全面建设小康社会的关键时期和加快转变经济发展方式的攻坚阶段，广告的功能作用更加凸显。工商行政管理部门承担着指导广告业发展和监管广告市场的双重职责。实施广告战略，是发挥工商职能作用、促进广告业科学发展的重大举措，是大力发展现代服务业和文化产业的迫切需要，是扩大消费、推动创新、加快"三个转变"的基本要求，是传播先进文化、构建和谐社会和提升文化软实力的战略选择。为贯彻落实党的十七届五中、六中全会精神和国家"十二五"规划纲要的要求，现就实施广告战略提出如下意见。

一、实施广告战略的总体要求

1. 指导思想。坚持以邓小平理论和"三个代表"重要思想为指导，深入贯彻落实科学发展观，以服务国家重大经济、社会、文化发展战略为核心，以全面提升广告产业核心竞争力为目标，以改革、创新、创意为动力，以净化广告市场环境、规范广告市场秩序为保障，进一步完善广告法律法规，建立健全广告市场监管机制，促进广告业科学发展，为加快转变经济发展方式、构建社会主义和谐社会、推动社会主义文化大发展大繁荣提供强大动力。

2. 战略目标。到 2020 年，把我国建设成为广告创意、策划、设计、制作、发布、管理水平达到或接近国际先进水平的国家。具体目标是：

广告法律法规和管理体制更加完善，与我国经济社会发展需要相适应的广告行政管理体制和运行机制运转顺畅。

广告市场秩序更加规范，全社会广告法制意识明显增强，广告行业的诚信度明显提高。

广告市场规模与质量效益协调发展，广告产业结构进一步优化，广告行业竞争力和影响力进一步增强，形成一批专业化程度高、创新能力强、具有国际竞争力的广告（企业）集团，培养一批国际化、创新型高端广告专业人才。

广告业对经济社会的贡献度进一步提升。广告业拉动消费、提振内需、促进相关行业发展的作用明显提升，弘扬社会主义核心价值体系、传播社会主义先进文化、推动和谐社会建设的作用进一步彰显，提升国家文化软实力的作用得到进一步增强，广告的功能作用和产业价值得到社会普遍认同。

二、实施广告战略的重点任务

3. 加强广告法律法规体系建设。加强广告法制建设，推进《广告法》修订进程。贯彻落实《广告法》，不断完善市场准入与退出、广告活动规范、广告内容准则、广告市场管理等方面的规章制度。加强地方立法立规工作，制定并完善促进和规范广告业发展的地方性法规、规章，引导、促进和保障广告企业诚信经营、规范运作、公平竞争，大力推进广告监管制度化、规范化、程序化、法治化建设。

4. 推动广告管理体制机制完善。完善与我国国情相适应的"政府监管、行业自律、社会监督"的广告监管模式。

完善虚假违法广告整治联席会议制度，推动联席会议制度在省（自治区、直辖市）、市（地、州）、县（市、区）的落实和重要作用的发挥，做到各负其责，上下联动，齐抓共管。

完善和落实广告监管制度，坚持事前指导、事中监控、事后惩处相结合的全程监管，健全媒体发布虚假违法广告责任追究制度。

充分发挥行业组织作用。加强对广告协会工作的指导，支持广告协会依章程开展服务和管理活动，加强行业自律。

5. 强化广告市场监督管理。依法加强对各类广告活动的监督管理，突出重点，组织开展广告专项整治，严厉查处典型虚假违法广告和违法经营行为，维护广告业健康有序的市场秩序。加强执法监督，严格落实广告行政执法责任制。

完善广告监测体系。健全广告监测制度规范，统一广告监测标准，建立全国广告监测网络，强化监测结果的应用。建立虚假违法和低俗不良广告应急处理机制。

完善广告监管执法联动体系。建立工商系统内部联动机制和跨地区的区域执法联动机制，实施广告监测、监管、执法联动，提高快速处置能力。建立联席会议成员单位联动机制，对典型虚假违法广告，加强联合公告、联合告诫、联合查处等工作。

建立广告信用监管体系。建立广告企业信用数据库，记录和归集广告活动主体开展广告经营活动、广告监测、广告案件查处等信息，实施信用分类监管。完善广告活动主体失信惩戒机制和严重失信淘汰机制，规范广告经营秩序，提高行业信用度。

6. 促进广告业科学发展。做好文化体制改革中广告媒体单位的转企改制服务工作。支持有实力的国内大型媒体和广告企业通过参股、控股、兼并、收购、联盟等方式做大做强。鼓励具有较强实力的广告企业进行跨地区、跨媒体、跨行业和跨所有制的兼并重组，促进广告资源的优化组合、高效配置和产业升级。

培育一批拥有自主知识产权和先进技术、主业突出、创新能力强的大型骨干广告企业。支持资质好、潜力大、有特色、经营行为规范的中小型和微型广告企业发展。

加大广告产业园区建设力度，认定一批国家级广告产业园区。坚持政府主导与市场运作相结合，鼓励广告及其关联企业在园区内集聚发展，延伸广告产业链，培育广告产业集群，提高广告业的组织化与规模化程度。

7. 支持广告业创新发展。鼓励广告企业加强广告科技研发，加速科技成果转化，提高运用新设备、新技术、新材料、新媒体的水平。促进数字、网络等新技术在广告服务领域的应用。鼓励环保型、节能型广告材料的推广使用。支持广告业专用硬件和软件的研发，促进广告业优化升级。

推动广告业经营方式创新。鼓励广告企业与新型物流业态相结合，推动网络、数字和新兴广告媒体发展，以及与通信网、互联网、广播电视网的融合。支持广告产业与高技术产业相互渗透，不断创新媒介方式、拓宽发布渠道，形成传统媒介与新兴媒介的优势互补与联动发展。

加强广告业理论创新。支持开展广告学科理论的研究，鼓励原创性、基础性研究和应用性研究，以及对广告市场热点和前沿问题的研究，推出一批高质量的广告理论研究成果。

8. 推进公益广告事业持续发展。引导社会各界通过公益广告树立良好的社会形象，体现社会责任。鼓励和支持在生产、生活领域增加公益广告设施和发布渠道，扩大公益广告宣传阵地和社会影响。

积极发挥政府引导作用，支持建立促进公益广告发展的专业机构和可持续发展的良性机制，推动公益广告发展。支持建立公益广告发展基金。组织开展公益广告学术研讨和优秀公益广告作品评选，支持公益广告创新研究实验基地建设。

9. 加快广告专业人才培养。加强广告监管执法人才队伍建设，建立广告监管执法人才库。大规模开展干部培训，培养广告监测、广告执法办案等专家型人才和复合型人才。

加强广告审查员培训。围绕广告监管的工作重点，加强对广告经营单位广告审查员的教育培训，建设高素质的广告审查员队伍，促进广告经营者依法经营和严格规范广告发布内容。

建立广告专业人才培训与职业教育互补机制，推动广告人才培养产学研一体化，形成高等院校、广告行业组织、广告经营者共育共用的人才培养模式。支持有条件的地方建设广告人才培养和实践基地。

完善广告专业技术人员职业水平评价制度。做好广告专业技术人员职业水平评价制度有关工作，加强广告专业人才核心能力评价指标体系建设，建立健全广告人才评价机制和广告人才创新激励机制。

10. 加速广告公共服务体系建设。建立广告行业服务体系，逐步形成包括广告创意展示、广告企业孵化、广告价值评估、广告功能推广等多种内容的广告业服务体系，建设全国性和区域性广告产品交易平台。

建立广告技术标准等标准体系。研究和制定包括媒体广告价值评价标准和评价体系、广告企业竞争力评价体系在内的广告业发展考核评价体系，定期公布广告业发展的主要指标和地区考核评价情况，促进广告业规范发展。

11. 提高信息化建设水平。深入推进广告业务与信息化技术的融合，充分应用现代信息技术，整合资源、创新方法、丰富手段、强化管理，提升广告监管服务效能。

建立全国广告监管信息数据库。完善广告数据规范，依托工商业务专网，实现全国工商系统广告行政审批、监测、执法办案等信息的互联互通。

建立广告业统计调查体系。科学设定广告业统计指标体系，开展全国广告行业普查，实行广告业统计报告制度。加强与相关部门统计资源的信息共享。

建立广告业信息数据库。建立包括广告专业人才、广告企业资质与信用、广告企业经营情况等信息在内的广告业数据库，为行业管理部门和企业提供公平、公正、公开的数据信息服务。

12. 扩大广告国际交流与合作。加快广告业对外开放步伐，不断提高广告业的国际化水平。坚持引进来和走出去相结合，打造一批具有全球服务能力的大型广告综合服务和传播集团，积极参与广告业的国际竞争。

加强国内外广告企业的交流合作，举办各类国际广告活动，办好中国国际广告节，支持广告企业和广告专业人员参加国际大型广告活动，建立广告业发展研究与国际交流平台，扩大我国广告业的国际影响力。

三、广告战略的组织实施

13. 领导机构。国家工商行政管理总局成立实施广告战略领导小组，全面负责实施广告战略的组织领导工作。总局局长任领导小组组长，主管副局长任副组长，总局有关司局、直属事业单位负责人为领导小组成员。

14. 办事机构。实施广告战略领导小组下设办公室，广告司承担办公室职能，广告司司长任办公室主任。领导小组办公室的主要职责为：统筹规划广告战略实施工作，制定实施广告战略的意见以及年度实施方案；指导、督促、检查广告战略实施工作情况；协调解决广告战略实施过程中的重大问题；协调与广告战略实施工作有关的其他重要事项。

15. 实施步骤。为保证到 2020 年全面实现广告战略各项目标，实施广告战略分为三个阶段：

第一阶段：2012—2013 年。对广告战略实施工作进行总体设计、规划和部署，对各项重点任务进行分解，落实责任制，建立领导和组织协调机制。

第二阶段：2013—2015 年。在取得阶段性成果、总结前期经验的基础上，进一步完善相关政策和制度，实现行业管理与服务的规范化、标准化和程序化，督促检查广告战略实施各项工作的进展情况以及目标任务的完成情况，并提出整改意见。

第三阶段：2016—2020 年为。根据各地实施广告战略情况，搞好分类指导和综合平衡，全面实现各项战略目标。

16. 工作要求。各省（自治区、直辖市）工商行政管理局，要认真落实总局的工作部署，积极主动向当地党委和政府报告实施广告战略的准备、启动和进展情况，切实把推动广告业发展纳入地方经济社会发展大局来谋划和推动，并结合本地特点和实际情况，制定或修订本地广告业发展规划，推动建立实施广告战略的工作机制。地方工商行政管理部门要主动加强与相关部门的沟通协调，建立相应的工作协调制度，共同解决工作中遇到的问题，规范广告市场秩序，推动广告业发展。在实施广告战略的各个阶段，各地要制定年度工作方案，对实施广告战略情况进行跟踪评估，每年末由实施广告战略领导小组办公室总结评估年度实施情况，确保实施广告战略的各项工作扎实、有效，实现预期目标。

国家工商行政管理总局

二〇一二年四月十一日

工商总局、国家标准委关于加强
广告业标准化工作的指导意见

工商广字〔2017〕143号

各省、自治区、直辖市、计划单列市、副省级市工商行政管理局、市场监督管理部门、质量技术监督局，中国广告协会：

为促进广告业健康发展，充分发挥广告拉动消费、促进交易、推进创新的作用，依照《中华人民共和国标准化法》、《中华人民共和国广告法》、国务院《深化标准化工作改革方案》、《广告产业发展"十三五"规划》及相关法律法规、规章的规定，现就加强广告业标准化工作提出如下指导意见：

一、充分认识广告业标准化工作的重要意义，发挥标准在我国广告业转型发展中的积极作用

标准是指为了在一定范围内获得最佳秩序，对实际以及潜在的问题制定共同和重复使用的规则。标准化是农业、工业、服务业和社会事业等领域统一的技术和管理要求，也是产业发展、技术革新、社会进步的成果。现阶段，我国已成为世界第二大广告市场，广告业已基本形成以传统媒体和新媒体为依托的两大领域，并建构起了两大媒体领域的主要商业模式和生存基础。广告作为特殊的商品形态，已形成了相对成熟的产业链条。加快广告业标准化工作，不仅有助打通分工合作渠道，实现广告产业链条间的顺畅衔接、提升广告品质，改善受众体验；还有助转变我国广告业传统发展方式，提高广告业发展质量和效益；更有助提升我国在国际广告领域的话语权，从而实现广告业的全面纵深发展。

二、深刻理解广告业标准化工作的内涵，把握广告业标准化工作的关键环节

广告业标准化工作，是指在工商总局和国家标准委的指导下，制定适用于广告业的标准并组织实施，以及对标准实施进行监督的活动，主要包括以下内容：

（一）做好广告业标准的体系规划

紧紧围绕广告产业发展规划目标，加强战略研究和论证。对需要在全国范围内统一的广告业技术和管理要求，在政府部门的主导下制定国家标准、行业标准，并以推荐性标准为主。积极培育发展团体标准，放开搞活企业标准。结合广告业通识和惯例，研究制定广告术语、分类、标识等基础标准；根据广告服务环节，研究制定广告委托、广告代理、广告发布、广告播放等服务标准；立足现有技术设备水平，结合国际标准研究制定广告制作、广告推送、广告效果测评等技术标准；结合行业自律情况，研究制定广告发布者、广告经营者的广告经营管理标准；围绕广告经营主体信用情况、广告服务质量测评情况等研究制定广告经营主体信用标准。

（二）推进广告业标准的研究制定

加快各领域基础标准、关键标准的制定进度，优先开展重点标准的研究制定。特别是开展对互联网广告的研究，制定并出台互联网广告标准。认真做好广告业各类标准项目的提出、起草、征求意见、审查、公布等工作。

（三）组织广告业标准的推广实施

选择市场化程度高、技术创新活跃、广告活动规范的区域，先行开展广告业标准试点工作。建立企业广告标准自我声明公开制度，鼓励企业将执行的广告标准在企业标准信息公共服务平台上向社会公开。通过先进企业的示范作用，带动全行业对

标准的学习和实施。鼓励依法开展标准认证认可工作。发挥广告业标准在国际广告业交流中的作用，积极向国外推广我国自主研发的广告业标准。

（四）加强广告业标准的监督管理

制定标准的政府部门、社会团体和企业要定期对标准进行复审，并根据科学技术进步的状况和经济社会发展的需要及时开展标准的修订、废止工作。建立标准实施评估制度，对标准的实施情况进行动态监测和跟踪评价，评价结果应当作为标准修订、废止的依据。县级以上人民政府标准化行政主管部门、工商和市场监管部门依法对广告业标准化工作进行监督检查。企业对所采用的标准进行虚假公开声明的，依照相关规定记入企业诚信档案。

三、扎实推进广告业标准化工作，实现我国广告业大发展的宏伟愿景

（一）坚持标准实施和产业发展相结合

各地要将制定和实施广告业标准作为促进广告业健康发展的重要手段。广告业标准化工作的目标是，到 2020 年，初步形成层次分明、实用的广告标准体系。到 2025 年，各项标准在广告业及相关领域得到广泛认可和有效执行，标准体系全面支撑广告业的有序发展。

（二）坚持监督管理和培育扶持相结合

各地一方面要加强广告业标准化工作政策、机制等方面的指导和协调，充分发挥政府部门在标准管理中的职能作用；另一方面要完善广告标准实施推动机制，制定广告业标准化配套优惠政策，引导和鼓励社会资本对广告业标准体系建设的投入，建立持续稳定的标准化经费保障机制。

（三）坚持借鉴引进和自主创新相结合

各地要积极支持广告行业组织与国际广告自律组织的沟通

交流，加大国际标准跟踪、评估和转化力度，促进我国广告业标准与国际接轨。树立中国标准品牌，提升我国广告业的国际竞争力。

四、加强对广告业标准化工作的组织领导，共同建设广告业标准体系

在工商总局、国家标准委的指导和管理下，建立政府与市场共治的广告业标准化管理体制，形成政府主导、协会推动、企业参与、社会协力的广告业标准化工作格局。

（一）政府主导

国家标准委统一管理全国标准化工作，工商总局分工管理广告业标准化工作。工商总局和国家标准委建立广告业标准化协调推进机制，统筹协调广告业强制性国家标准、推荐性标准的体系建设，加强标准管理。支持中国广告协会等组织制定团体标准。县级以上人民政府工商和市场监管部门分工管理本行政区域内广告业的标准化工作。

（二）协会推动

社会自律组织要充分发挥自律、服务、协调和管理作用，组织和引导广告行业贯彻实施标准。中国广告协会等组织在工商总局和国家标准委的指导下组织制定团体标准。受工商总局委托，中国广告协会承担广告业标准的起草、组织实施等有关工作。各级政府及各类自律组织要为广告业标准化建设提供智力支撑和人才保障。

（三）企业参与

支持企业在执行广告业国家标准和行业标准的基础上，制定具有竞争力的企业标准。适时将具有普适性、前瞻性、引领性的企业标准上升为团体标准、行业标准。引导企业提高标准化意识，发挥企业在实施标准中的主体作用。

（四）社会协力

制定标准应当发挥社会团体、科研机构和消费者的作用，广泛听取意见。增进广告业与其他行业在标准领域的互通融合。鼓励社会团体、科研机构、高等学校、中等职业学校等提供广告业标准化信息咨询、技术指导、宣传培训和人才培养等服务。引导全社会了解、关注、宣传广告业标准，形成有利于广告业标准化工作的社会氛围。

严肃查处虚假违法广告维护良好
广告市场秩序工作方案

工商广字〔2017〕150 号
工商总局等十部门关于印发《严肃查处虚假
违法广告维护良好广告市场秩序工作方案》的通知

各省、自治区、直辖市工商和市场监管部门、党委宣传部、网信办、公安厅（局）、通信管理局、卫生计生委、新闻出版广电局、食品药品监督管理局、中医药管理局、银监局：

习近平总书记在党的新闻舆论工作座谈会重要讲话中强调"广告宣传也要讲导向"。2017 年政府工作报告明确指出，要整顿和规范市场秩序，严肃查处虚假广告等行为，加强消费者权益保护。为落实党中央和国务院相关工作要求，维护良好的广告市场秩序，强化广告导向监管，进一步严肃查处虚假违法广告，保障消费者合法权益，工商总局、中央宣传部、中央网信办、公安部、工业和信息化部、卫生计生委、新闻出版广电总局、食品药品监管总局、中医药局、银监会等十个整治虚假违法广告部际联席会议单位联合制定了《严肃查处虚假违法广告维护良好广告市场秩序工作方案》，现印发你们，请结合实际，认真贯彻执行。

工商总局　中央宣传部　中央网信办

公安部　工业和信息化部

国家卫生计生委　新闻出版广电总局

食品药品监管总局　国家中医药局　银监会

2017 年 8 月 21 日

习近平总书记在党的新闻舆论工作座谈会重要讲话中强调"广告宣传也要讲导向"。2017 年政府工作报告明确指出，要整顿和规范市场秩序，严肃查处虚假广告等行为，加强消费者权益保护。为落实党中央和国务院相关工作要求，强化广告导向监管，进一步严肃查处虚假违法广告，维护良好的广告市场秩序，保障人民群众切身利益，现制定以下工作方案：

一、工作目标

为贯彻落实习近平总书记系列重要讲话精神和政府工作报告要求，强化广告导向监管，加强广告监管执法，紧紧围绕关系人民群众切身利益问题，加大对重点媒体、重点领域、重点内容广告的管理力度，严肃查处虚假违法广告，防止破窗效应，遏制虚假违法广告的反弹，加强部际联席会议成员单位之间的协调配合，保障广告市场良好秩序，促进广告市场环境持续好转。

二、工作重点

（一）加大对含有不良影响内容广告的查处力度。切实加强广告导向监管，对涉及导向问题、政治敏感性问题或者具有社会不良影响的广告及时调查，快速处置。严厉查处使用或变相使用国家机关、国家机关工作人员的名义或形象等具有不良影响的广告，严肃查处含有妨碍社会公共秩序和公序良俗的广告。严禁利用党和国家领导同志名义、形象作广告宣传，严禁利用敏感人物、敏感事件进行宣传炒作，严禁借党的十九大进行商业炒作。对在网上发布的借党的十九大和中央领导人名义进行商业炒作的信息第一时间严控处置，坚决维护好广告宣传的正确导向。

（二）继续严肃查处含有"特供""专供"国家机关内容广告。认真排查在广告宣传、商品包装上使用"特供""专供"及类似内容的情况，依法严厉查处相关违法行为，有效治理滥用"特供""专供"国家机关等类似内容的违法广告。

（三）加强重点领域广告监管执法力度。药品、医疗器械、保健食品、食品、医疗服务事关人民群众生命安全，社会高度关切，群众反映强烈。要回应社会关切，保护人民群众身体健康和生命安全，加强重点领域广告监管。对医疗机构、药品、医疗器械、保健食品的生产者和经营者，要加大监管力度，发布违法广告的，要严肃查处。对社会广泛关注的利用健康养生节目（栏目）等形式，冒用医疗机构资质或医师执业资格违法、违规推销药品、食品的，要严肃查处，涉嫌犯罪的，要依法移送。金融理财、收藏投资事关群众切身利益和社会稳定，要继续加强对金融理财、收藏投资等领域广告违法行为的监督检查，切实保护公众合法权益。

（四）加大对互联网金融广告的监管力度。按照互联网金融风险整治工作整体部署，延长互联网金融广告专项整治期限，依据工商总局等十七部门下发的《开展互联网金融广告及以投资理财名义从事金融活动风险专项整治工作实施方案》的要求，依法加强对互联网金融广告的监测监管，就广告中涉及的金融机构、金融活动及有关金融产品和金融服务的真实性、合法性等问题，通报金融管理部门进行甄别处理。对有关职能部门认定构成非法集资活动以及公安机关认定涉嫌经济犯罪的，工商部门依法责令停止发布广告，各有关部门依法、依职责进行查处，严厉打击发布虚假违法广告行为。

（五）加大对重点媒体的监管力度。要继续加强对电视、广播、报纸等媒体的广告监测监管，各职能部门对发布违法广告的有关责任单位和责任人要采取行政指导、约谈告诫、行政处罚和纪律处分等手段实施综合治理，对涉嫌犯罪的，移送司法机关，坚决遏制违法广告反弹回潮。

（六）持续加强互联网广告监管。加大对互联网药品、医疗器械、保健食品、食品、医疗、投资理财、收藏品等领域广告的监测监管力度，加快推进"依法管网""以网管网""信用管网"和"协同管网"，加快推进线上线下一体化监管工作机制。持续开展互联网金融广告的专项整治，维护金融市场秩序。

（七）切实督促广告发布者履行广告审查责任。各地要将事后查处和事前防范结合起来，狠抓广告发布前审查责任的落实。督促广告经营者、发布者健全管理制度，严格履行广告发布前的审查义务和审查责任。

（八）落实属地监管责任加大案件查办力度。各地各相关部门要牢固树立守土有责、守土尽责意识，强化担当精神，对本辖区的虚假违法广告活动严格履行好属地监管的责任。要加大对违法广告责任主体的惩戒力度，建立重点案件协调指挥机制，强化挂牌督办力度，对重点导向性案件和重大违法广告案件实行统一调度督办。集中曝光严重虚假违法广告，震慑虚假违法广告行为。

三、各部门职责

（一）工商和市场监管部门。发挥好整治虚假违法广告联席会议牵头单位作用，会同有关部门研究解决查处虚假违法广告工作中遇到的突出问题。坚持监管是第一责任，突出查办重点媒体、重点领域、重点案件，严厉查处使用或变相使用国家机关、国家机关工作人员的名义或形象等具有不良影响广告。持续对虚假违法广告保持严管态势，加大对药品、保健食品、食品、医疗、投资理财、收藏等重点领域广告执法力度，遏制虚假违法广告反弹。开展广告发布登记工作，掌握传统媒体广告发布者的基本情况。部署开展虚假违法广告整治考评工作，加强综合治理和社会共治。会同相关部门加快推进医疗、药品、保健食品、医疗器械等广告监管规章的修订工作。

（二）党委宣传部。组织新闻媒体围绕贯彻落实《广告法》和有关法律法规，做好阐释解读。组织主要新闻媒体持续深入做好《广告法》和查处虚假违法广告行为的正面宣传。协调新闻媒体曝光虚假违法广告典型案例，开展舆论监督。指导监督媒体健全广告刊播管理制度，履行法定广告审查义务。

（三）网信办。配合有关部门加强互联网广告管理，加大对网上违法广告信息清理管控力度，会同有关部门依法处置相关发布虚假违法广告的网站。督促网站特别是中央和地方重点新闻网站、主要商业网站履行主体责任，自觉有效抵制虚假违法广告。

（四）公安机关。对阻碍工商和市场监管部门开展广告执法工作，构成违反治安管理行为的，依法给予治安管理处罚。对有关部门移送的涉嫌虚假广告犯罪的案件，经审查符合立案条件的，依法立案查处。在工作中发现的违法行为，虽不需要追究刑事责任，但依法应当追究行政责任的，应当及时移送行政执法机关处理。

（五）通信主管部门。配合贯彻落实《广告法》《互联网广告管理暂行办法》，加强互联网基础管理，积极组织或参与各专项整治行动，配合有关部门依法处置发布虚假违法广告的违法违规网站。积极引导行业自律。

（六）卫生计生部门。严格医疗广告审查，将医疗机构发布虚假违法医疗广告情况列入医疗机构校验管理。医疗机构两年内有三次以上违反《广告法》的违法行为或具有其他严重情节的，除由工商行政管理部门依照《广告法》处罚外，卫生计生部门可以吊销诊疗科目或者吊销医疗机构执业许可证。会同工商部门，加快推进《医疗广告管理办法》修订。

（七）新闻出版广电部门。督促指导媒体单位履行广告发布审查职责，建立健全广告业务的承接登记、审核、档案管理等制度，严格规范广告发布行为。强化指导，提升广告内容的艺术格调。清理查处违规媒体和广告，对广告条次违法率、时长违法率高的媒体单位加大查处问责力度，加强电视购物类节目的清理整顿。研究解决县级（广播）电视台刊播广告有播无证的问题。及时受理群众对虚假违法广告的投诉举报。清理整改各种利用健康资讯、养生等节（栏）目、专版等方式，变相发布医药广告和新闻形式广告的行为；对不履行广告发布审查责任、虚假违法广告问题屡查屡犯的广播电视报刊出版单位以及相关责任人，依法依规予以处理。

（八）食品药品监管部门。严格药品、医疗器械、保健食品和特殊医学用途配方食品广告的审查。会同工商部门，加快推进相关广告审查发布规定的修订工作。加大对发布违法广告的食品药品生产经营企业的惩治力度，对违法广告情节严重涉及的企业和产品，在移送的同时，采取曝光、撤销或收回广告批准文号和暂停销售等措施，并将其列入重点监管对象。

（九）中医药管理部门。加强中医医疗广告审查，规范中医医疗广告宣传行为，开展虚假违法中医医疗监测，配合有关部门查处违法中医医疗机构。

（十）银监会。针对涉及非法集资内容的违法广告，加强整治力度，加强与相关部门的信息互通和联合执法。会同工商部门推动出台金融广告正面清单与负面清单。对从事非法金融活动的或不符合有关法律、法规和规章要求的，银监会会同工商等部门依法、依职责责令停止相关广告发布活动。

四、工作要求

（一）提高认识，加强组织部署。各地要高度重视，强化政治敏感性和敏锐性，认真落实本方案提出的各项任务，结合本地区实际，研究制定具体工作方案，采取切实有力措施，加大广告市场整治力度。持续保持高压态势，坚决遏制广告违法率反弹，构建广告市场秩序的新常态。

（二）强化协同，加强协调联动。充分发挥整治虚假违法广告联席会议的作用，建立部门间沟通渠道，实现监测数据共享和综合利用，推动部门间广告监管数据交换，建立健全部门间监管信息反馈处理机制和监管执法联动机制。

（三）强化信用监管，推动协同共治。探索建立部门间企业信用信息共享和失信联合惩戒机制。严重违法失信企业纳入"黑名单"，对发布虚假广告情节严重的企业，依法实施信用约束、部门联合惩戒，实现"一处违法、处处受限"。加强与企业、行业协会、社会组织、媒体、互联网平台等的信息协作，运用大数据加强对市场主体的服务和监管，推进社会共治。

（四）强化创新，提高监管效能。认真落实《"十三五"市场监管规划》，坚持依法监管、简约监管、审慎监管、综合监管、智慧监管、协同监管原则，不断提升广告市场监管效能。推动"互联网+监管"，充分运用各地广告监管大数据，提升监管效能，加强预警研判、指挥调度、协同监管。

工商总局将会同部际联席会议成员单位适时对各地开展广告专项整治工作情况进行督导检查，开展考核评估活动，督促整治工作开展不力的地区和部门加强和改进工作，推动整治工作取得实效。各地在查处虚假违法广告工作中遇到的重大情况和问题，请分别上报各自的主管部门，并抄送同级工商和市场监管部门。

财政部　国家税务总局关于广告费和业务宣传费支出税前扣除政策的通知

财税〔2017〕41 号

各省、自治区、直辖市、计划单列市财政厅（局）、国家税务局、地方税务局，新疆生产建设兵团财务局：

根据《中华人民共和国企业所得税法实施条例》（国务院令第 512 号）第四十四条规定，现就有关广告费和业务宣传费支出税前扣除政策通知如下：

一、对化妆品制造或销售、医药制造和饮料制造（不含酒类制造）企业发生的广告费和业务宣传费支出，不超过当年销售（营业）收入 30% 的部分，准予扣除；超过部分，准予在以后纳税年度结转扣除。

二、对签订广告费和业务宣传费分摊协议（以下简称分摊协议）的关联企业，其中一方发生的不超过当年销售（营业）收入税前扣除限额比例内的广告费和业务宣传费支出可以在本企业扣除，也可以将其中的部分或全部按照分摊协议归集至另一方扣除。另一方在计算本企业广告费和业务宣传费支出企业所得税税前扣除限额时，可将按照上述办法归集至本企业的广告费和业务宣传费不计算在内。

三、烟草企业的烟草广告费和业务宣传费支出，一律不得在计算应纳税所得额时扣除。

四、本通知自 2016 年 1 月 1 日起至 2020 年 12 月 31 日止执行。

财政部　税务总局
2017 年 5 月 27 日

广播电视广告播出管理办法

国家广播电影电视总局令

第 66 号

《〈广播电视广告播出管理办法〉的补充规定》经国家广播电影电视总局 2011 年 11 月 21 日局务会议审议通过，现予发布，自 2012 年 1 月 1 日起施行。

国家广播电影电视总局局长

二○一一年十一月二十五日

（2009 年 9 月 8 日国家广播电影电视总局令第 61 号发布；根据 2011 年 11 月 25 日国家广播电影电视总局令第 66 号《〈广播电视广告播出管理办法〉的补充规定》修改）

第一章　总　则

第一条　为了规范广播电视广告播出秩序，促进广播电视广告业健康发展，保障公民合法权益，依据《中华人民共和国广告法》、《广播电视管理条例》等法律、行政法规，制定本办法。

第二条　广播电台、电视台（含广播电视台）等广播电视播出机构（以下简称"播出机构"）的广告播出活动，以及广播电视传输机构的相关活动，适用本办法。

第三条　本办法所称广播电视广告包括公益广告和商业广告（含资讯服务、广播购物和电视购物短片广告等）。

第四条　广播电视广告播出活动应当坚持以人为本，遵循合法、真实、公平、诚实信用的原则。

第五条　广播影视行政部门对广播电视广告播出活动实行属地管理、分级负责。

国务院广播影视行政部门负责全国广播电视广告播出活动的监督管理工作。

县级以上地方人民政府广播影视行政部门负责本行政区域内广播电视广告播出活动的监督管理工作。

第六条　广播影视行政部门鼓励广播电视公益广告制作和播出，对成绩显著的组织、个人予以表彰。

第二章　广告内容

第七条　广播电视广告是广播电视节目的重要组成部分，应当坚持正确导向，树立良好文化品位，与广播电视节目相和谐。

第八条　广播电视广告禁止含有下列内容：

（一）反对宪法确定的基本原则的；

（二）危害国家统一、主权和领土完整，危害国家安全，或者损害国家荣誉和利益的；

（三）煽动民族仇恨、民族歧视，侵害民族风俗习惯，伤害民族感情，破坏民族团结，违反宗教政策的；

（四）扰乱社会秩序，破坏社会稳定的；

（五）宣扬邪教、淫秽、赌博、暴力、迷信，危害社会公德或者民族优秀文化传统的；

（六）侮辱、歧视或者诽谤他人，侵害他人合法权益的；

（七）诱使未成年人产生不良行为或者不良价值观，危害其身心健康的；

（八）使用绝对化语言，欺骗、误导公众，故意使用错别字或者篡改成语的；

（九）商业广告中使用、变相使用中华人民共和国国旗、国徽、国歌，使用、变相使用国家领导人、领袖人物的名义、形象、声音、名言、字体或者国家机关和国家机关工作人员的名义、形象的；

（十）药品、医疗器械、医疗和健康资讯类广告中含有宣传治愈率、有效率，或者以医生、专家、患者、公众人物等形象做疗效证明的；

（十一）法律、行政法规和国家有关规定禁止的其他内容。

第九条 禁止播出下列广播电视广告：

（一）以新闻报道形式发布的广告；

（二）烟草制品广告；

（三）处方药品广告；

（四）治疗恶性肿瘤、肝病、性病或者提高性功能的药品、食品、医疗器械、医疗广告；

（五）姓名解析、运程分析、缘分测试、交友聊天等声讯服务广告；

（六）出现"母乳代用品"用语的乳制品广告；

（七）法律、行政法规和国家有关规定禁止播出的其他广告。

第十条 时政新闻类节（栏）目不得以企业或者产品名称等冠名。有关人物专访、企业专题报道等节目中不得含有地址和联系方式等内容。

第十一条 投资咨询、金融理财和连锁加盟等具有投资性质的广告，应当含有"投资有风险"等警示内容。

第十二条 除福利彩票、体育彩票等依法批准的广告外，不得播出其他具有博彩性质的广告。

第三章　广告播出

第十三条 广播电视广告播出应当合理编排。其中，商业广告应当控制总量、均衡配置。

第十四条 广播电视广告播出不得影响广播电视节目的完整性。除在节目自然段的间歇外，不得随意插播广告。

第十五条 播出机构每套节目每小时商业广告播出时长不得超过12分钟。其中，广播电台在11：00至13：00之间、电视台在19：00至21：00之间，商业广告播出总时长不得超过18分钟。

在执行转播、直播任务等特殊情况下，商业广告可以顺延播出。

第十六条 播出机构每套节目每日公益广告播出时长不得少于商业广告时长的3%。其中，广播电台在11：00至13：00之间、电视台在19：00至21：00之间，公益广告播出数量不得少于4条（次）。

第十七条　播出电视剧时，不得在每集（以四十五分钟计）中间以任何形式插播广告。

播出电影时，插播广告参照前款规定执行。

第十八条　除电影、电视剧剧场或者节（栏）目冠名标识外，禁止播出任何形式的挂角广告。

第十九条　电影、电视剧剧场或者节（栏）目冠名标识不得含有下列情形：

（一）单独出现企业、产品名称，或者剧场、节（栏）目名称难以辨认的；

（二）标识尺寸大于台标，或者企业、产品名称的字体尺寸大于剧场、节（栏）目名称的；

（三）翻滚变化，每次显示时长超过 5 分钟，或者每段冠名标识显示间隔少于 10 分钟的；

（四）出现经营服务范围、项目、功能、联系方式、形象代言人等文字、图像的。

第二十条　电影、电视剧剧场或者节（栏）目不得以治疗皮肤病、癫痫、痔疮、脚气、妇科、生殖泌尿系统等疾病的药品或者医疗机构作冠名。

第二十一条　转播、传输广播电视节目时，必须保证被转播、传输节目的完整性。不得替换、遮盖所转播、传输节目中的广告；不得以游动字幕、叠加字幕、挂角广告等任何形式插播自行组织的广告。

第二十二条　经批准在境内落地的境外电视频道中播出的广告，其内容应当符合中国法律、法规和本办法的规定。

第二十三条　播出商业广告应当尊重公众生活习惯。在 6：30 至 7：30、11：30 至 12：30 以及 18：30 至 20：00 的公众用餐时间，不得播出治疗皮肤病、痔疮、脚气、妇科、生殖泌尿系统等疾病的药品、医疗器械、医疗和妇女卫生用品广告。

第二十四条 播出机构应当严格控制酒类商业广告，不得在以未成年人为主要传播对象的频率、频道、节（栏）目中播出。广播电台每套节目每小时播出的烈性酒类商业广告，不得超过 2 条；电视台每套节目每日播出的烈性酒类商业广告不得超过 12 条，其中 19：00 至 21：00 之间不得超过 2 条。

第二十五条 在中小学生假期和未成年人相对集中的收听、收视时段，或者以未成年人为主要传播对象的频率、频道、节（栏）目中，不得播出不适宜未成年人收听、收视的商业广告。

第二十六条 播出电视商业广告时不得隐匿台标和频道标识。

第二十七条 广告主、广告经营者不得通过广告投放等方式干预、影响广播电视节目的正常播出。

第四章 监督管理

第二十八条 县级以上人民政府广播影视行政部门应当加强对本行政区域内广播电视广告播出活动的监督管理，建立、完善监督管理制度和技术手段。

第二十九条 县级以上人民政府广播影视行政部门应当建立公众举报机制，公布举报电话，及时调查、处理并公布结果。

第三十条 县级以上地方人民政府广播影视行政部门在对广播电视广告违法行为作出处理决定后 5 个工作日内，应当将处理情况报上一级人民政府广播影视行政部门备案。

第三十一条　因公共利益需要等特殊情况，省、自治区、直辖市以上人民政府广播影视行政部门可以要求播出机构在指定时段播出特定的公益广告，或者作出暂停播出商业广告的决定。

第三十二条　播出机构从事广告经营活动应当取得合法资质，非广告经营部门不得从事广播电视广告经营活动，记者不得借采访名义承揽广告业务。

第三十三条　播出机构应当建立广告经营、审查、播出管理制度，负责对所播出的广告进行审查。

第三十四条　播出机构应当加强对广告业务承接登记、审核等档案资料的保存和管理。

第三十五条　药品、医疗器械、医疗、食品、化妆品、农药、兽药、金融理财等须经有关行政部门审批的商业广告，播出机构在播出前应当严格审验其依法批准的文件、材料。不得播出未经审批、材料不全或者与审批通过的内容不一致的商业广告。

第三十六条　制作和播出药品、医疗器械、医疗和健康资讯类广告需要聘请医学专家作为嘉宾的，播出机构应当核验嘉宾的医师执业证书、工作证、职称证明等相关证明文件，并在广告中据实提示，不得聘请无有关专业资质的人员担当嘉宾。

第三十七条　因广告主、广告经营者提供虚假证明文件导致播出的广告违反本办法规定的，广播影视行政部门可以对有关播出机构减轻或者免除处罚。

第三十八条　国务院广播影视行政部门推动建立播出机构行业自律组织。该组织可以按照章程的规定，采取向社会公告、推荐和撤销"广播电视广告播出行业自律示范单位"等措施，加强行业自律。

第五章　　法律责任

第三十九条　违反本办法第八条、第九条的规定，由县级以上人民政府广播影视行政部门责令停止违法行为或者责令改正，给予警告，可以并处三万元以下罚款；情节严重的，由原发证机关吊销《广播电视频道许可证》、《广播电视播出机构许可证》。

第四十条　违反本办法第十五条、第十六条、第十七条的规定，以及违反本办法第二十一条规定插播广告的，由县级以上人民政府广播影视行政部门依据《广播电视管理条例》第五十条、第五十一条的有关规定给予处罚。

第四十一条　违反本办法第十条、第十二条、第十八条、第十九条、第二十条、第二十三条至第二十七条、第三十三条、第三十五条、第三十六条的规定，或者违反本办法第二十一条规定替换、遮盖广告的，由县级以上人民政府广播影视行政部门责令停止违法行为或者责令改正，给予警告，可以并处二万元以下罚款。

第四十二条　违反本办法规定的播出机构，由县级以上人民政府广播影视行政部门依据国家有关规定予以处理。

第四十三条　广播影视行政部门工作人员滥用职权、玩忽职守、徇私舞弊或者未依照本办法规定履行职责的，对负有责任的主管人员和直接责任人员依法给予处分。

第六章　　附　　则

第四十四条　本办法自 2010 年 1 月 1 日起施行。2003 年 9 月 15 日国家广播电影电视总局发布的《广播电视广告播放管理暂行办法》同时废止。

附 录

国家新闻出版广电总局办公厅
关于加强网络视听节目领域涉
医药广告管理的通知

新广电办发〔2017〕47号

各省、自治区、直辖市新闻出版广电局,新疆生产建设兵团新闻出版广电局,中央三台、电影频道节目中心,中国教育电视台:

近年来,各级广播电台电视台开办了形式多样的医疗资讯、医疗养生类节目,积极宣传普及疾病预防、养生保健等科学知识,较好地满足了广大人民群众的医疗健康信息需求。但有的节目利用非专业机构、非专业人士假借普及健康知识的名义非法兜售药品、保健品和医疗服务等,唯利是图,危害群众健康。同时,播放虚假医药广告的问题也比较突出、屡禁不止,既损害人民群众利益,也严重影响了广播电视媒体形象。为此,现就进一步加强医疗养生类节目和医药广告播出管理通知如下:

一、高度重视医疗养生类节目和医药广告播出的管理。医疗养生类节目和医药广告播出,是广播电视宣传的重要组成部分。做好医疗养生类节目和医药广告播出,对于宣传国家医药卫生政策,传播医学科学知识,引导民众增强健康意识、养成健康生活方式，促进医患和谐，为健康中国创造良好氛围、培育厚田沃土，具有十分重要的意义。各级新闻出版广电行政部门和电台电视台等播出机构要深入学习贯彻习近平总书记系列重要讲话特别是在党的新闻舆论工作座谈会、全国卫生与健康大会上的重要讲话精神，切实增强政治意识、大局意识、核心意识、看齐意识，始终坚持媒体属性和正确导向，始终坚持人民的利益高于一切，始终坚持把社会效益放在首位，切实加强医疗养生类节目和医药广告的建设管理，不断提高节目质量和服务水平，努力为加快推进健康中国建设、全面保障人民健康做贡献。

二、严格医疗养生类节目管理。电台电视台开办医疗养生类节目，应认真贯彻执行《国家新闻出版广电总局关于做好养生类节目制作播出工作的通知》（新广电发〔2014〕223 号）精神，坚持以宣传普及疾病预防、控制、治疗和养生保健等科学知识为主体内容，坚持真实、科学、权威、实用的原则，不得夸大夸张或虚假宣传、误导受众。

（一）医疗养生类节目只能由电台电视台策划制作，不得由社会公司制作。

（二）严格医疗养生类节目备案管理。中央广播电视机构、全国卫视频道播出医疗养生类节目，报总局备案。其它频道、频率播出医疗养生类节目，一律报所在地省级新闻出版广电行政部门备案。未经备案的医疗养生类节目一律不得播出。

（三）医疗养生类节目聘请医学、营养等专家作为嘉宾的，该嘉宾必须具备国家认定的相应执业资质和相应专业副高以上职称，并在节目中据实提示。医疗养生类节目主持人须取得播音员主持人执业资质，依法持证上岗。

（四）严禁医疗养生类节目以介绍医疗、健康、养生知识等形式直接或间接发布广告、推销商品和服务。严禁直接或间接宣传医疗、药品、医疗器械、保健品、食品、化妆品、美容等企业、产品或服务。严禁节目中间以包括"栏目热线"以及二维码等在内的任何形式，宣传或提示联系电话、联系方式、地址等信息。

三、严格医药广告播出管理。各级电台电视台播出医药广告，要严格遵守《广告法》、《广播电视广告播出管理办法》等法律法规和政策规定，严禁播出任何虚假医药广告。严格限制医药广告播出的时长和方式，医疗、药品、医疗器械、保健品、食品、化妆品、美容等企业、产品或服务的广告，不得以任何节目形态变相发布，不得以电视购物短片广告形式播出，且单条广告时长不得超过一分钟。

四、坚决查处各类违法违规行为。各级新闻出版广电行政部门接到本《通知》后，要针对辖区内电台电视台医疗养生类节目和医药广告播出情况，迅速组织开展清理核查工作，发现问题坚决整治，确保取得明显成效。各级电台电视台要按照《通知》要求立即开展自查自纠、认真整改。各级新闻出版广电行政部门要在全面开展清理整治的同时，切实加强监听监看体系建设，建立健全长效监管机制。要积极主动与当地卫生、医药、工商、公安等部门沟通协作，共同形成有效治理的合力。

各省（区、市）贯彻落实本《通知》的情况，请于9月底前报总局传媒机构管理司。中央三台、电影频道节目中心、中国教育电视台请于9月上旬报总局传媒机构管理司。

特此通知。

国家新闻出版广电总局

2016年8月24日

国家新闻出版广电总局关于进一步
加强医疗养生类节目和医药广告
播出管理的通知

新广电发〔2016〕156号

各省、自治区、直辖市新闻出版广电局，新疆生产建设兵团新
闻出版广电局，中央三台、电影频道节目中心，中国教育电
视台：

近年来，各级广播电台电视台开办了形式多样的医疗资讯、
医疗养生类节目，积极宣传普及疾病预防、养生保健等科学知
识，较好地满足了广大人民群众的医疗健康信息需求。但有的
节目利用非专业机构、非专业人士假借普及健康知识的名义非
法兜售药品、保健品和医疗服务等，唯利是图，危害群众健康。
同时，播放虚假医药广告的问题也比较突出、屡禁不止，既损
害人民群众利益，也严重影响了广播电视媒体形象。为此，现
就进一步加强医疗养生类节目和医药广告播出管理通知如下：

一、高度重视医疗养生类节目和医药广告播出的管理。医
疗养生类节目和医药广告播出，是广播电视宣传的重要组成部
分。做好医疗养生类节目和医药广告播出，对于宣传国家医药
卫生政策，传播医学科学知识，引导民众增强健康意识、养成
健康生活方式，促进医患和谐，为健康中国创造良好氛围、培
育厚田沃土，具有十分重要的意义。各级新闻出版广电行政部
门和电台电视台等播出机构要深入学习贯彻习近平总书记系列
重要讲话特别是在党的新闻舆论工作座谈会、全国卫生与健康
大会上的重要讲话精神，切实增强政治意识、大局意识、核心

意识、看齐意识，始终坚持媒体属性和正确导向，始终坚持人民的利益高于一切，始终坚持把社会效益放在首位，切实加强医疗养生类节目和医药广告的建设管理，不断提高节目质量和服务水平，努力为加快推进健康中国建设、全面保障人民健康做贡献。

二、严格医疗养生类节目管理。电台电视台开办医疗养生类节目，应认真贯彻执行《国家新闻出版广电总局关于做好养生类节目制作播出工作的通知》（新广电发〔2014〕223号）精神，坚持以宣传普及疾病预防、控制、治疗和养生保健等科学知识为主体内容，坚持真实、科学、权威、实用的原则，不得夸大夸张或虚假宣传、误导受众。

（一）医疗养生类节目只能由电台电视台策划制作，不得由社会公司制作。

（二）严格医疗养生类节目备案管理。中央广播电视机构、全国卫视频道播出医疗养生类节目，报总局备案。其它频道、频率播出医疗养生类节目，一律报所在地省级新闻出版广电行政部门备案。未经备案的医疗养生类节目一律不得播出。

（三）医疗养生类节目聘请医学、营养等专家作为嘉宾的，该嘉宾必须具备国家认定的相应执业资质和相应专业副高以上职称，并在节目中据实提示。医疗养生类节目主持人须取得播音员主持人执业资质，依法持证上岗。

（四）严禁医疗养生类节目以介绍医疗、健康、养生知识等形式直接或间接发布广告、推销商品和服务。严禁直接或间接宣传医疗、药品、医疗器械、保健品、食品、化妆品、美容等企业、产品或服务。严禁节目中间以包括"栏目热线"以及二维码等在内的任何形式，宣传或提示联系电话、联系方式、地址等信息。

三、严格医药广告播出管理。各级电台电视台播出医药广告，要严格遵守《广告法》、《广播电视广告播出管理办法》等法律法规和政策规定，严禁播出任何虚假医药广告。严格限制医药广告播出的时长和方式，医疗、药品、医疗器械、保健品、食品、化妆品、美容等企业、产品或服务的广告，不得以任何节目形态变相发布，不得以电视购物短片广告形式播出，且单条广告时长不得超过一分钟。

四、坚决查处各类违法违规行为。各级新闻出版广电行政部门接到本《通知》后，要针对辖区内电台电视台医疗养生类节目和医药广告播出情况，迅速组织开展清理核查工作，发现问题坚决整治，确保取得明显成效。各级电台电视台要按照《通知》要求立即开展自查自纠、认真整改。各级新闻出版广电行政部门要在全面开展清理整治的同时，切实加强监听监看体系建设，建立健全长效监管机制。要积极主动与当地卫生、医药、工商、公安等部门沟通协作，共同形成有效治理的合力。

各省（区、市）贯彻落实本《通知》的情况，请于9月底前报总局传媒机构管理司。中央三台、电影频道节目中心、中国教育电视台请于9月上旬报总局传媒机构管理司。

特此通知。

国家新闻出版广电总局

2016 年 8 月 24 日

工商总局关于进一步严格监管报刊
出版单位、广播电台、电视台利用
医药资讯专版、节目以及购物短片等
形式发布广告行为的通知

工商广字〔2013〕51号

各省、自治区、直辖市及计划单列市工商行政管理局、市场监督管理局：

近期监测发现，一些报刊出版单位、广播电台、电视台等大众传播媒介利用健康资讯专版、节目以及电视购物短片等形式，以专家讲座、医学探秘、企业寻访、主持人和嘉宾互动等方式，发布虚假违法的药品、医疗器械、医疗、保健食品以及收藏品、手机等商品或服务广告，严重扰乱了广告市场秩序。为进一步严格监管报刊出版单位、广播电台、电视台等大众传播媒介利用医药资讯专版、节目以及购物短片等形式发布广告的行为，营造文明诚信的广告市场环境，现就有关问题通知如下：

一、严格监管变相发布广告行为。各地工商部门要落实监管职责，加强报刊出版单位、广播电台、电视台等大众传播媒介，利用医药资讯专版、节目以及购物短片等形式发布广告行为的监测检查，对监测发现发布或者变相发布虚假违法广告的，要立即责令停止发布，坚决制止虚假违法广告的重复发布。

二、推进广告审查责任落实到位。各地工商部门要监督和指导报刊出版单位、广播电台、电视台等大众传播媒介认真贯彻落实《大众传播媒介广告发布审查规定》，监督大众传播媒介严把广告发布关，对不履行广告审查责任，屡次发布或者变相发布虚假违法广告的，依法暂停广告业务。

三、切实加强广告内容监管。各地工商部门要监督指导报刊出版单位、广播电台、电视台等大众传播媒介，严格遵守《广告法》等广告法律法规有关广告内容要求的规定，严格规范电视购物短片广告内容，认真执行新闻出版刊载广告、广播电视广告播出等有关要求，杜绝有偿新闻和以新闻报道形式等变相发布广告的行为。

四、依法严厉追究违法责任主体。各地工商部门要加大对发布或者变相发布虚假违法广告行为的查处力度，严厉惩治屡次代理、发布虚假违法广告的广告经营者、广告发布者和广告主，及时向社会公告曝光，对认定为虚假广告涉嫌构成虚假广告犯罪行为的，依照有关规定移送司法机关追究刑事责任。

各地工商部门要按照本通知要求，联合有关部门，切实加强广告发布环节的监管，对违反相关规定继续发布虚假违法广告的，依法查处。

工商总局

2013 年 3 月 13 日

广告管理规定及审查标准

大众传播媒介广告发布审查规定

国家工商行政管理总局 中央宣传部 国务院新闻办公室等
关于印发《大众传播媒介广告发布审查规定》的通知
工商广字〔2012〕26号

各省、自治区、直辖市工商行政管理局、党委宣传部、
政府新闻办公室、公安厅（局）、监察厅（局）、纠风
办、通信管理局、卫生厅（局）、广播电影电视局、新
闻出版局、食品药品监督管理局（药品监督管理局）、
中医药管理局：

    广告经营单位的广告发布前审查是保证广告内
容真实、合法、符合社会主义精神文明建设要求的
重要措施，也是广告法律法规规定的一项法定义务。
为进一步完善广告审查制度，强化广告审查把关意
识，切实落实大众传播媒介广告审查责任，预防和
最大限度减少违法广告的发布，整治虚假违法广告

专项行动部际联席会议成员单位联合制定了《大众传播媒介广告发布审查规定》。现予以印发，请认真贯彻落实。

国家工商行政管理总局　中央宣传部
国务院新闻办公室　公安部　监察部
国务院纠风办　工业和信息化部
卫生部　国家广播电影电视总局　新闻出版总署
国家食品药品监督管理局　国家中医药管理局
二〇一二年二月九日

根据《中华人民共和国广告法》等法律法规有关广告发布者应查验证明文件、核实广告内容、建立健全广告管理制度的要求，为进一步落实大众传播媒介的广告发布审查责任，制定本规定。

一、大众传播媒介应当履行法定的广告审查义务，在广告发布前查验相关广告证明文件、核实广告内容，确保广告真实、合法，符合社会主义精神文明建设要求。

二、大众传播媒介应当明确广告审查责任。广告审查员负责广告审查的具体工作，广告经营管理部门负责人负责广告复审，分管领导负责广告审核。

三、大众传播媒介应当配备广告审查员。广告审查员应当参加广告法律法规及广告业务培训，经培训合格后，履行以下职责：

（1）审查本单位发布的广告，提出书面意见；

（2）管理本单位的广告审查档案；

（3）提出改进本单位广告审查工作的意见和建议；

（4）协助处理本单位广告管理的其他有关事宜。

四、大众传播媒介的广告审查员应当按照下列程序进行审查：

（1）查验各类广告证明文件的真实性、合法性、有效性，对证明文件不全的，要求补充证明文件；

（2）审核广告内容是否真实、合法，是否符合社会主义精神文明建设的要求；

（3）检查广告表现形式和使用的语言文字是否符合有关规定；

（4）审查广告整体效果，确认其不致引起消费者的误解；

（5）提出对该广告同意、不同意或者要求修改的书面意见。

广告审查员应当主动登录相关政府网站，查询了解相关部门公布的广告批准文件、违法广告公告、广告监测监管等信息。

五、大众传播媒介的广告经营管理部门负责人、分管领导应当对广告审查员审查通过的广告进行复查、审核。经复查、审核符合广告法律法规规定的广告，方可发布。

六、大众传播媒介应当依法建立广告业务的承接登记、审核、档案管理制度。广告审查的书面意见应当与广告档案一同保存备查。

七、大众传播媒介对群众举报、投诉的广告，应当责成广告审查员重新审查核实，要求广告主就被举报、投诉的事项做出说明，补充提供有关证明材料。

对广告主不能提供证明材料或者提供的有关证明材料不足以证实广告内容的真实性、合法性，大众传播媒介应当立即停止发布该广告。

八、大众传播媒介每年度应当对广告审查员、广告经营管理部门负责人进行广告审查工作绩效考核。

对年度内未认真履行广告审查职责，致使违法广告多次发布的，大众传播媒介应当对广告审查员及相关负责人给予批评教育、调离工作岗位等处理。

九、广告监督管理机关应当加强广告发布审查工作的行政指导，在日常广告监测监管、处理广告举报投诉、查办广告违法案件等工作中，了解掌握大众传播媒介及广告审查员落实广告发布审查制度、履行审查职责的情况，并向有关部门通报情况，提出有关建议。

十、广告监督管理机关应当加强大众传播媒介广告审查员、广告经营管理部门负责人的广告法律法规培训工作，定期组织新任广告审查员培训和广告审查员广告法律法规知识更新培训。

十一、大众传播媒介的行政主管部门应当监督、督促大众传播媒介认真执行广告发布的有关规定，切实落实广告发布审查责任，依法审查广告。

十二、大众传播媒介的行政主管部门应当对不执行广告发布审查规定，导致严重虚假违法广告屡禁不止、广告违法率居高不下，造成恶劣社会影响及后果的大众传播媒介，予以警示告诫、通报批评等处理，依照有关规定追究主管领导和相关责任人的责任。

十三、本规定所称大众传播媒介是指广播电视播出机构、报纸期刊出版单位以及互联网信息服务单位。

大众传播媒介以外的其他广告发布者，参照本规定执行。

保健食品广告审查暂行规定

关于印发《保健食品广告审查暂行规定》的通知
国食药监市〔2005〕211号

各省、自治区、直辖市食品药品监督管理局（药品监督管理局）：

根据《国务院对确需保留的行政审批项目设定行政许可的决定》（第412号令）以及国务院办公厅关于《国家食品药品监督管理局主要职责内设机构和人员编制规定的通知》，食品药品监督管理部门负责保健食品广告发布前的审查工作。为了做好保健食品广告的审查工作，我局制定了《保健食品广告审查暂行规定》（以下简称《暂行规定》），并决定从2005年7月1日开始施行。

现将《暂行规定》印发给你们，请认真贯彻实施，并注意在实施过程中总结经验，不断完善保健食品广告审查工作。

国家食品药品监督管理局
二○○五年五月二十四日

第一条 为加强保健食品广告的审查，规范保健食品广告审查行为，依据《行政许可法》、《国务院对确需保留的行政审批项目设定行政许可的决定》（第412号令）等法律法规，制定本规定。

第二条　国家食品药品监督管理局指导和监督保健食品广告审查工作。

省、自治区、直辖市（食品）药品监督管理部门负责本辖区内保健食品广告的审查。

县级以上（食品）药品监督管理部门应当对辖区内审查批准的保健食品广告发布情况进行监测。

第三条　发布保健食品广告的申请人必须是保健食品批准证明文件的持有者或者其委托的公民、法人和其他组织。

申请人可以自行或者委托其他法人、经济组织或公民作为保健食品广告的代办人。

第四条　国产保健食品广告的发布申请，应当向保健食品批准证明文件持有者所在地的省、自治区、直辖市（食品）药品监督管理部门提出。

进口保健食品广告的发布申请，应当由该产品境外生产企业驻中国境内办事机构或者该企业委托的代理机构向其所在地省、自治区、直辖市（食品）药品监督管理部门提出。

第五条　申请发布保健食品广告，应当提交以下文件和资料：

（一）《保健食品广告审查表》；

（二）与发布内容一致的样稿（样片、样带）和电子化文件；

（三）保健食品批准证明文件复印件；

（四）保健食品生产企业的《卫生许可证》复印件；

（五）申请人和广告代办人的《营业执照》或主体资格证明文件、身份证明文件复印件；如有委托关系，应提交相关的委托书原件；

（六）保健食品的质量标准、说明书、标签和实际使用的包装；

（七）保健食品广告出现商标、专利等内容的，必须提交相关证明文件的复印件；

（八）其他用以确认广告内容真实性的有关文件；

（九）宣称申请材料实质内容真实性的声明。

提交本条规定的复印件，需加盖申请人的签章。

第六条 保健食品广告发布申请材料不齐全或者不符合法定要求的，省、自治区、直辖市（食品）药品监督管理部门应当当场或者在 5 个工作日内一次告知申请人需要补正的全部内容；逾期不告知的，自收到申请材料之日起即为受理。

第七条 国务院有关部门明令禁止生产、销售的保健食品，其广告申请不予受理。国务院有关部门清理整顿已经取消的保健功能，该功能的产品广告申请不予受理。

第八条 保健食品广告中有关保健功能、产品功效成份/标志性成分及含量、适宜人群、食用量等的宣传，应当以国务院食品药品监督管理部门批准的说明书内容为准，不得任意改变。

保健食品广告应当引导消费者合理使用保健食品，保健食品广告不得出现下列情形和内容：

（一）含有表示产品功效的断言或者保证；

（二）含有使用该产品能够获得健康的表述；

（三）通过渲染、夸大某种健康状况或者疾病，或者通过描述某种疾病容易导致的身体危害，使公众对自身健康产生担忧、恐惧，误解不使用广告宣传的保健食品会患某种疾病或者导致身体健康状况恶化；

（四）用公众难以理解的专业化术语、神秘化语言、表示科技含量的语言等描述该产品的作用特征和机理；

（五）利用和出现国家机关及其事业单位、医疗机构、学术机构、行业组织的名义和形象，或者以专家、医务人员和消费者的名义和形象为产品功效作证明。

（六）含有无法证实的所谓"科学或研究发现"、"实验或数据证明"等方面的内容；

（七）夸大保健食品功效或扩大适宜人群范围，明示或者暗示适合所有症状及所有人群；

（八）含有与药品相混淆的用语，直接或者间接地宣传治疗作用，或者借助宣传某些成分的作用明示或者暗示该保健食品具有疾病治疗的作用。

（九）与其他保健食品或者药品、医疗器械等产品进行对比，贬低其它产品；

（十）利用封建迷信进行保健食品宣传的；

（十一）宣称产品为祖传秘方；

（十二）含有无效退款、保险公司保险等内容的；

（十三）含有"安全"、"无毒副作用"、"无依赖"等承诺的；

（十四）含有最新技术、最高科学、最先进制法等绝对化的用语和表述的；

（十五）声称或者暗示保健食品为正常生活或者治疗病症所必需；

（十六）含有有效率、治愈率、评比、获奖等综合评价内容的；

（十七）直接或者间接怂恿任意、过量使用保健食品的。

第九条 不得以新闻报道等形式发布保健食品广告。

第十条 保健食品广告必须标明保健食品产品名称、保健食品批准文号、保健食品广告批准文号、保健食品标识、保健食品不适宜人群。

第十一条 保健食品广告中必须说明或者标明"本品不能

代替药物"的忠告语；电视广告中保健食品标识和忠告语必须始终出现。

第十二条 省、自治区、直辖市（食品）药品监督管理部门应当自受理之日起对申请人提交的申请材料以及广告内容进行审查，并在 20 个工作日内作出是否核发保健食品广告批准文号的决定。

对审查合格的保健食品广告申请，发给保健食品广告批准文号，同时将《保健食品广告审查表》抄送同级广告监督机关备案。

对审查不合格的保健食品广告申请，应当将审查意见书面告知申请人，说明理由并告知其享有依法申请行政复议或者提起行政诉讼的权利。

第十三条 省、自治区、直辖市（食品）药品监督管理部门应当将审查批准的《保健食品广告审查表》报国家食品药品监督管理局备案。国家食品药品监督管理局认为审查批准的保健食品广告与法定要求不符的，应当责令原审批地省、自治区、直辖市（食品）药品监督管理部门予以纠正。

第十四条 保健食品广告批准文号有效期为一年。

保健食品广告批准文号有效期届满，申请人需要继续发布广告的，应当依照本规定向省、自治区、直辖市（食品）药品监督管理部门重新提出发布申请。

第十五条 经审查批准的保健食品广告需要改变其内容的，应向原审批地省、自治区、直辖市（食品）药品监督管理部门申请重新审查。

保健食品的说明书、质量标准等广告审查依据发生变化的，广告主应当立即停止发布，并向原审批地省、自治区、直辖市（食品）药品监督管理部门申请重新审查。

第十六条 经审查批准的保健食品广告，有下列情形之一的，原审批地省、自治区、直辖市（食品）药品监督管理部门应当调回复审：

（一）国家食品药品监督管理局认为原审批地省、自治区、直辖市（食品）药品监督管理部门批准的保健食品广告内容不符合法定要求的；

（二）广告监督管理机关建议进行复审的。

第十七条 经审查批准的保健食品广告，有下列情形之一的，原审批地省、自治区、直辖市（食品）药品监督管理部门应当收回保健食品广告批准文号：

（一）保健食品批准证明文件被撤销的；

（二）保健食品被国家有关部门责令停止生产、销售的；

（三）广告复审不合格的。

第十八条 擅自变更或者篡改经审查批准的保健食品广告内容进行虚假宣传的，原审批地省、自治区、直辖市（食品）药品监督管理部门责令申请人改正，给予警告，情节严重的，收回该保健食品广告批准文号。

第十九条 申请人隐瞒有关情况或者提供虚假材料申请发布保健食品广告的，省、自治区、直辖市（食品）药品监督管理部门按照《行政许可法》第七十八条的规定进行处理。

第二十条 申请人通过欺骗、贿赂等不正当手段取得保健食品广告批准文号的，由审批地省、自治区、直辖市（食品）药品监督管理部门按照《行政许可法》第七十九条的规定处理。

第二十一条 省、自治区、直辖市（食品）药品监督管理部门作出的撤销或者收回保健食品广告批准文号的决定，应当报送国家食品药品监督管理局并抄送同级广告监督管理机关备查，同时向社会公告处理决定。

第二十二条 （食品）药品监督管理部门发现有违法发布保健食品广告行为的，应当填写《违法保健食品广告移送通知书》，移送同级广告监督管理机关查处。

在广告审批地以外发布擅自变更或者篡改审查批准的保健食品广告的，广告发布地省、自治区、直辖市（食品）药品监督管理部门应当填写《违法保健食品广告处理通知书》，原审批地省、自治区、直辖市（食品）药品监督管理部门应按照有关规定予以处理。

第二十三条 省、自治区、直辖市（食品）药品监督管理部门应当建立违法保健食品广告公告制度，定期发布《违法保健食品广告公告》并上报国家食品药品监督管理局，国家食品药品监督管理局定期对《违法保健食品广告公告》进行汇总。《违法保健食品广告公告》应当同时抄送同级广告监督管理机关。

第二十四条 省、自治区、直辖市（食品）药品监督管理部门及其工作人员不依法履行审查职责的，由国家食品药品监督管理局或者监察机关责令改正，并按照有关规定对直接负责的主管人员和其他直接责任人员给予处理。

第二十五条 在保健食品广告审查过程中，省、自治区、直辖市（食品）药品监督管理部门违反本办法规定给当事人的合法权益造成损害的，应当依照国家赔偿法的规定给予赔偿。

第二十六条 保健食品广告批准文号为"X食健广审（X1）第X2号"。其中"X"为各省、自治区、直辖市的简称；"X1"代表视、声、文；"X2"由十位数字组成，前六位代表审查的年月，后4位代表广告批准的序号。

酒类广告管理办法

国家工商行政管理局令

第 39 号

《酒类广告管理办法》已经国家工商行政管理局局务会议审议通过，现予发布，自 1996 年 1 月 1 日起施行。

局长 王众孚

一九九五年十一月十七日

（1995 年 11 月 17 日国家工商行政管理局令第 39 号发布；根据 2005 年 9 月 28 日国家工商行政管理总局令第 21 号修订）

第一条 为了加强对酒类广告的管理，保护消费者的合法权益，维护社会良好风尚，根据《中华人民共和国广告法》（以下简称《广告法》）、《广告管理条例》及《广告管理条例施行细则》，制定本办法。

第二条 本办法所称酒类广告，是指含有酒类商品名称、商标、包装、制酒企业名称等内容的广告。

第三条 发布酒类广告，应当遵守《广告法》和其他有关法律、行政法规的规定。

第四条 广告主自行或者委托他人设计、制作、发布酒类广告，应当具有或者提供真实、合法、有效的下列证明文件：

（一）营业执照以及其他生产、经营资格的证明文件；

（二）经国家规定或者认可的省辖市以上食品质量检验机构出具的该酒符合质量标准的检验证明；

（三）发布境外生产的酒类商品广告，应当有进口食品卫生监督检验机构批准核发的卫生证书；

（四）确认广告内容真实性的其他证明文件。

任何单位和个人不得伪造、变造上述文件发布广告。

第五条 对内容不实或者证明文件不全的酒类广告，广告经营者不得经营，广告发布者不得发布。

第六条 酒类广告应当符合卫生许可的事项，并不得使用医疗用语或者易与药品相混淆的用语。

经卫生行政部门批准的有医疗作用的酒类商品，其广告依照《药品广告审查办法》和《药品广告审查标准》进行管理。

第七条 酒类广告中不得出现以下内容：

（一）鼓动、倡导、引诱人们饮酒或者宣传无节制饮酒；

（二）饮酒的动作；

（三）未成年人的形象；

（四）表现驾驶车、船、飞机等具有潜在危险的活动；

（五）诸如可以"消除紧张和焦虑"、"增加体力"等不科学的明示或者暗示；

（六）把个人、商业、社会、体育、性生活或者其他方面的成功归因于饮酒的明示或者暗示；

（七）关于酒类商品的各种评优、评奖、评名牌、推荐等评比结果；

（八）不符合社会主义精神文明建设的要求，违背社会良好风尚和不科学、不真实的其他内容。

第八条 在各类临时性广告活动中，以及含有附带赠送礼品的广告中，不得将酒类商品作为奖品或者礼品出现。

第九条　大众传媒媒介发布酒类广告，不得违反下列规定：

（一）电视：每套节目每日发布的酒类广告，在特殊时段（19：00—21：00）不超过二条，普通时段每日不超过十条；

（二）广播：每套节目每小时发布的酒类广告，不得超过二条；

（三）报纸、期刊：每期发布的酒类广告，不得超过二条，并不得在报纸第一版、期刊封面发布。

第十条　违反本办法第四条第二款规定的，依照《广告法》第三十七条规定处罚。

第十一条　违反本办法第五条规定的，依据《广告管理施行细则》第二十五条规定处罚。

第十二条　违反本办法第六条规定的，依照《广告法》第四十一、第四十三条规定处罚。

第十三条　违反本办法第七条、第八条、第九条规定的，依照《广告法》第三十九条规定处罚。

第十四条　本办法由国家工商行政管理局负责解释。

第十五条　本办法自 1996 年 1 月 1 日起施行。

食品广告发布暂行规定

（1996 年 12 月 30 日中华人民共和国国家工商行政管理局令第 72 号发布；根据 1998 年 12 月 3 日发布的《国家工商行政管理局修改〈经济合同示范文本管理办法〉等 33 件规章中超越〈行政处罚法〉规定处罚权限的内容》进行修改）

第一条　发布食品广告，应当遵守《中华人民共和国广告法》（以下简称《广告法》）、《中华人民共和国食品卫生法》（以下简称《食品卫生法》）等国家有关广告监督管理和食品卫生管理的法律、法规。

第二条　本规定所指食品广告，包括普通食品广告、保健食品广告、新资源食品广告和特殊营养食品广告。

保健食品是指具有特定保健功能，适宜于特定人群，具有调节机体功能，不以治疗疾病为目的的食品。

新资源食品是指以在我国新研制、新发现、新引进的无食用习惯或者仅在个别地区有食用习惯的，符合食品基本要求的物品生产的食品。

特殊营养食品是指通过改变食品的天然营养素的成分和含量比例，以适应某些特殊人群营养需要的食品。

第三条　食品广告必须真实、合法、科学、准确，符合社会主义精神文明建设的要求，不得欺骗和误导消费者。

第四条　《食品卫生法》禁止生产经营的以及违反国家食品卫生有关规定生产经营的食品不得发布广告。

第五条　广告主发布食品广告，应当具有或者提供下列真实、合法、有效的证明文件：

（一）营业执照；

（二）卫生许可证；

（三）保健食品广告，应当具有或者提供国务院卫生行政部门核发的《保健食品批准证书》、《进口保健食品批准证书》；

（四）新资源食品广告，应当具有或者提供国务院卫生行政部门的新资源食品试生产卫生审查批准文件或者新资源食品卫生审查批准文件；

（五）特殊营养食品广告，应当具有或者提供省级卫生行政部门核发的准许生产的批准文件；

（六）进口食品广告，应当具有或者提供输出国（地区）批准生产的证明文件，口岸进口食品卫生监督检验机构签发的卫生证书，中文标签；

（七）关于广告内容真实性的其他证明文件。

第六条 食品广告不得含有"最新科学"、"最新技术"、"最先进加工工艺"等绝对化的语言或者表示。

第七条 食品广告不得出现与药品相混淆的用语，不得直接或者间接地宣传治疗作用，也不得借助宣传某些成份的作用明示或者暗示该食品的治疗作用。

第八条 食品广告不得明示或者暗示可以替代母乳，不得使用哺乳妇女和婴儿的形象。

第九条 食品广告中不得使用医疗机构、医生的名义或者形象。食品广告中涉及特定功效的，不得利用专家、消费者的名义或者形象做证明。

第十条 保健食品的广告内容应当以国务院卫生行政部门批准的说明书和标签为准，不得任意扩大范围。

第十一条 保健食品不得与其他保健食品或者药品进行功

效对比。

第十二条　保健食品、新资源食品、特殊营养食品的批准文号应当在其广告中同时发布。

第十三条　普通食品、新资源食品、特殊营养食品广告不得宣传保健功能，也不得借助宣传某些成份的作用明示或者暗示其保健作用。

第十四条　普通食品广告不得宣传该食品含有新资源食品中的成份或者特殊营养成份。

第十五条　违反本规定发布广告，依照《广告法》有关条款处罚。《广告法》无具体处罚条款的，由广告监督管理机关责令停止发布，视其情节予以通报批评，处以违法所得额三倍以下的罚款，但最高不超过三万元，没有违法所得的，处以一万元以下的罚款。

第十六条　本规定自公布之日起施行。本规定施行前制定的其他有关食品广告管理的行政规章内容与本规定不符的，以本规定为准。

食品广告监管制度

工商食字〔2009〕176 号

为了进一步强化食品广告监管，确保《食品安全法》对广告管理的各项规定得到有效落实，根据《广告法》、《食品安全法》等有关法律法规的规定，制定本制度。

一、食品广告监管是食品安全监管的重要环节，是工商行政管理机关的法定职责，应贯彻标本兼治、打防并重的方针，坚持专项整治与加强日常监管相结合，建立健全综合治理的长效机制。

二、工商行政管理机关依法严格监管食品广告，严厉打击发布虚假违法食品广告的行为。重点查处下列虚假违法食品广告：

（一）含有虚假、夸大内容的食品广告特别是保健食品广告。

（二）涉及宣传疾病预防、治疗功能的食品广告。

（三）未经广告审查机关审查批准发布的保健食品广告。

（四）含有使用国家机关及其工作人员、医疗机构、医生名义或者形象的食品广告，以及使用专家、消费者名义或者形象为保健食品功效做证明的广告。

（五）利用新闻报道形式、健康资讯等相关栏（节）目发布或者变相发布的保健食品广告。

（六）含有食品安全监督管理部门或者承担食品检验职责的机构、食品行业协会、消费者协会推荐内容的食品广告。

三、食品广告监管应围绕食品广告的发布前规范、发布中指导、发布后监管等主要环节，会同有关部门不断完善相关管理制度和措施，强化对食品广告活动的监管。

四、建立健全食品广告审查责任制度。按照总局《关于广告审查员管理工作若干问题的指导意见》（试行），指导广告发布者、广告经营者落实食品广告的审查责任。

（一）会同有关部门指导媒体单位履行广告发布审查的法定责任和义务，加强对媒体单位落实食品广告发布审查制度的监督检查。

（二）对广告审查人员开展食品广告法律、法规培训，指导广告发布者、广告经营者建立和完善食品广告承接登记、相关证明文件审验、广告内容核实审查、客户档案管理等工作制度。

（三）对由于广告审查措施不健全、不落实而造成发布涉及重大食品安全事件的违法广告媒体，建议有关部门追究媒体单位主管领导和有关责任人的相应责任。

五、建立健全食品广告监测制度。按照总局《关于规范和加强广告监测工作的指导意见》（试行），加强食品广告的监测预警和动态监管。

（一）食品广告监测的重点是食品广告发布量大、传播范围广、社会影响力大的媒体，并根据实际情况和监管需要，对重点区域、部分媒体、个案广告实施跟踪监测。

（二）坚持集中监测与日常监测相结合，广告监管机关与广告审查机关、媒体主管部门监测相结合，扩大食品广告监测覆盖面，实现监测信息共享。

（三）加强对监测数据的分析研究，及时将监测发现的食品广告中影响和危害食品安全的苗头性、倾向性问题，通报当地政府和有关部门。

六、建立健全违法食品广告公告制度。按照总局等十一部门联合制定的《违法广告公告制度》，加大对虚假违法食品广告的公告力度。

（一）对监测发现、投诉举报、依法查处的严重虚假违法食品广告案件，向社会公告。

（二）根据违法食品广告发布的动态及趋势，定期或不定期进行公告提示，提醒消费者识别虚假违法食品广告。

（三）通过部门联合公告、广告监管机关公告等多种方式，采取虚假违法食品广告典型案例曝光、违法食品广告提示、违法食品广告案例点评、涉嫌严重违法食品广告监测通报等多种形式，加大公告频次和曝光力度。

七、建立健全食品广告暂停发布制度。对食品安全事件涉及的广告，以及需立案调查的涉嫌虚假违法食品广告，迅速果断处置。有下列情形之一的，可暂停有关食品广告的发布：

（一）涉嫌不符合食品安全规定的食品所涉及的广告。

（二）上级交办、有关部门转办、监测发现、群众举报需立案查处的涉嫌虚假违法食品广告。

八、建立健全食品广告案件查办移送通报制度。按照总局《关于加强广告执法办案协调工作的指导意见》（试行），针对违法食品广告在多个地区、多种媒体发布或者违法广告活动涉及不同区域多个主体的情况，建立食品广告案件查办、移送、通报工作制度。

（一）省级工商行政管理机关负责本辖区内食品广告案件查处的组织、指导、协调和督办工作，对同一广告主在本辖区内多个地区不同媒体发布的违法食品广告，应及时交办广告发布者所在地工商行政管理机关依法查处。

（二）省级以下工商行政管理机关依法查处广告发布者后，

发现查处异地广告主、广告经营者确有困难的，应将有关案件和相关案情移送、通报广告主、广告经营者所在地工商行政管理机关依法查处。

（三）省级以下工商行政管理机关发现广告主、广告经营者在其他地区不同媒体发布违法广告的，应通报广告发布者所在地工商行政管理机关予以查处，并将有关情况报告省级工商行政管理机关。对广告发布者属于外省工商行政管理机关管辖的，由本省省级工商行政管理机关通知有管辖权的外省省级工商行政管理机关予以处理。

九、建立健全食品广告案件查办落实情况报告制度。按照总局《广告案件查办落实情况报告制度》，加强食品广告案件的督办和监督检查。

（一）明确职责分工，落实办案责任，及时查办上级机关交办、其他地方工商行政管理机关或者有关部门移送、通报以及监测发现、群众投诉举报的本辖区内的违法广告主、广告经营者、广告发布者，并在规定期限内将处理情况上报上级机关，通知其他相关地方工商行政管理机关或者有关部门。对跨省移送或者通报的违法食品广告案件，省级工商行政管理机关可提请总局督办。

（二）建立健全广告案件的督办和监督检查工作机制，提高查办效率，落实监督职责。对推诿不办、压案不查以及行政处罚畸轻畸重、执法不到位等不规范执法行为，依照总局有关规定追究相关责任人的行政执法过错责任。

（三）总局交办、转办的食品广告案件，各地工商行政管理机关应在规定期限以书面形式向总局报告，总局定期或者不定期通报各地广告案件查办落实的情况。

十、建立健全食品广告市场退出制度。按照总局《停止广告主、广告经营者、广告发布者广告业务实施意见》，加强对食品广告活动主体的监督管理，落实食品广告市场退出机制。

（一）对因发布虚假违法食品广告，造成损害社会公共利益以及造成人身伤害或者财产损失等严重后果的，暂停或者停止相关食品生产者、经营者部分食品或者全部食品的广告发布业务。

（二）对多次发布虚假违法食品广告，食品广告违法率居高不下的媒体单位，暂停其食品广告发布业务，直至取消广告发布资格。

（三）对违法情节严重的保健食品广告，提请食品药品监管部门依法采取相关措施。

十一、建立健全行业自律管理制度。按照总局《关于深入贯彻落实科学发展观支持和促进广告协会拓展职能增强服务能力完善行业管理的意见》，指导广告行业组织建立和完善自律管理机制。

（一）支持和指导广告行业组织切实担负起实施行业自律的重要职责，协助政府部门加强食品广告监管，完善行政执法与行业自律相结合的广告市场监管机制。

（二）指导广告行业组织围绕规范食品广告市场秩序，建立健全各项自律性管理制度，开展行业自律和相关法律咨询服务，规范食品广告发布活动。

（三）支持广告行业组织依据自律规则，对实施违法食品广告活动、损害消费者合法权益、扰乱食品广告市场秩序的行为，采取劝诫、通报批评、公开谴责等自律措施，加强行业自我管理，提高行业公信力。

十二、各级工商行政管理机关按照属地管理、分级负责的原则，依法履行广告监管职责，对辖区内广告市场、广告发布媒体全面监管，全面负责，加强食品市场巡查和日常监督检查，落实广告监管责任。对疏于监管、执法不严，致使辖区内严重虚假违法食品广告屡禁不止，违法率居高不下，发生影响公共秩序和社会稳定重大广告案件的，依照有关规定追究相关责任人的责任。

十三、各级工商行政管理机关广告监管机构应积极配合食品流通监管等相关机构对食品安全的监管，围绕食品广告监管重点，加强食品广告发布环节的监管，及时将广告案件查办中发现的涉及生产和销售不符合食品安全标准的有关线索，通报食品流通监管等相关机构。

十四、各地工商行政管理机关应坚持和完善广告联合监管工作机制，充分发挥部门联席会议的作用，积极履行牵头职责，协调各有关部门落实职责分工，加强协作与配合，共同研究和解决食品广告市场存在的突出问题，对虚假违法食品广告进行综合治理，不断增强监管的合力与实效。

国家工商行政管理总局
二〇〇九年八月二十八日

医疗广告管理办法

中华人民共和国国家工商行政管理总局

中华人民共和国卫生部令

第 26 号

《医疗广告管理办法》已经中华人民共和国国家工商行政管理总局和中华人民共和国卫生部决定修改，现予公布，自 2007 年 1 月 1 日起施行。

二〇〇六年十一月十日

第一条 为加强医疗广告管理，保障人民身体健康，根据《广告法》、《医疗机构管理条例》、《中医药条例》等法律法规的规定，制定本办法。

第二条 本办法所称医疗广告，是指利用各种媒介或者形式直接或间接介绍医疗机构或医疗服务的广告。

第三条 医疗机构发布医疗广告，应当在发布前申请医疗广告审查。未取得《医疗广告审查证明》，不得发布医疗广告。

第四条 工商行政管理机关负责医疗广告的监督管理。

卫生行政部门、中医药管理部门负责医疗广告的审查，并对医疗机构进行监督管理。

第五条 非医疗机构不得发布医疗广告，医疗机构不得以内部科室名义发布医疗广告。

第六条 医疗广告内容仅限于以下项目：

（一）医疗机构第一名称；

（二）医疗机构地址；

（三）所有制形式；

（四）医疗机构类别；

（五）诊疗科目；

（六）床位数；

（七）接诊时间；

（八）联系电话。

（一）至（六）项发布的内容必须与卫生行政部门、中医药管理部门核发的《医疗机构执业许可证》或其副本载明的内容一致。

第七条 医疗广告的表现形式不得含有以下情形：

（一）涉及医疗技术、诊疗方法、疾病名称、药物的；

（二）保证治愈或者隐含保证治愈的；

（三）宣传治愈率、有效率等诊疗效果的；

（四）淫秽、迷信、荒诞的；

（五）贬低他人的；

（六）利用患者、卫生技术人员、医学教育科研机构及人员以及其他社会社团、组织的名义、形象作证明的；

（七）使用解放军和武警部队名义的；

（八）法律、行政法规规定禁止的其他情形。

第八条 医疗机构发布医疗广告，应当向其所在地省级卫生行政部门申请，并提交以下材料：

（一）《医疗广告审查申请表》；

（二）《医疗机构执业许可证》副本原件和复印件，复印件应当加盖核发其《医疗机构执业许可证》的卫生行政部门公章；

（三）医疗广告成品样件。电视、广播广告可以先提交镜头脚本和广播文稿。

中医、中西医结合、民族医医疗机构发布医疗广告，应当向其所在地省级中医药管理部门申请。

第九条 省级卫生行政部门、中医药管理部门应当自受理之日起 20 日内对医疗广告成品样件内容进行审查。卫生行政部门、中医药管理部门需要请有关专家进行审查的，可延长 10 日。

对审查合格的医疗广告，省级卫生行政部门、中医药管理部门发给《医疗广告审查证明》，并将通过审查的医疗广告样件和核发的《医疗广告审查证明》予以公示；对审查不合格的医疗广告，应当书面通知医疗机构并告知理由。

第十条 省级卫生行政部门、中医药管理部门应对已审查的医疗广告成品样件和审查意见予以备案保存，保存时间自《医疗广告审查证明》生效之日起至少两年。

第十一条 《医疗广告审查申请表》、《医疗广告审查证明》的格式由卫生部、国家中医药管理局规定。

第十二条 省级卫生行政部门、中医药管理部门应在核发《医疗广告审查证明》之日起五个工作日内，将《医疗广告审查证明》抄送本地同级工商行政管理机关。

第十三条 《医疗广告审查证明》的有效期为一年。到期后仍需继续发布医疗广告的，应重新提出审查申请。

第十四条 发布医疗广告应当标注医疗机构第一名称和《医疗广告审查证明》文号。

第十五条 医疗机构发布户外医疗广告，应在取得《医疗广告审查证明》后，按照《户外广告登记管理规定》办理登记。

医疗机构在其法定控制地带标示仅含有医疗机构名称的户外广告，无需申请医疗广告审查和户外广告登记。

第十六条 禁止利用新闻形式、医疗资讯服务类专题节

（栏）目发布或变相发布医疗广告。

有关医疗机构的人物专访、专题报道等宣传内容，可以出现医疗机构名称，但不得出现有关医疗机构的地址、联系方式等医疗广告内容；不得在同一媒介的同一时间段或者版面发布该医疗机构的广告。

第十七条 医疗机构应当按照《医疗广告审查证明》核准的广告成品样件内容与媒体类别发布医疗广告。

医疗广告内容需要改动或者医疗机构的执业情况发生变化，与经审查的医疗广告成品样件内容不符的，医疗机构应当重新提出审查申请。

第十八条 广告经营者、广告发布者发布医疗广告，应当由其广告审查员查验《医疗广告审查证明》，核实广告内容。

第十九条 有下列情况之一的，省级卫生行政部门、中医药管理部门应当收回《医疗广告审查证明》，并告知有关医疗机构：

（一）医疗机构受到停业整顿、吊销《医疗机构执业许可证》的；

（二）医疗机构停业、歇业或被注销的；

（三）其他应当收回《医疗广告审查证明》的情形。

第二十条 医疗机构违反本办法规定发布医疗广告，县级以上地方卫生行政部门、中医药管理部门应责令其限期改正，给予警告；情节严重的，核发《医疗机构执业许可证》的卫生行政部门、中医药管理部门可以责令其停业整顿、吊销有关诊疗科目，直至吊销《医疗机构执业许可证》。

未取得《医疗机构执业许可证》发布医疗广告的，按非法行医处罚。

第二十一条 医疗机构篡改《医疗广告审查证明》内容发

布医疗广告的，省级卫生行政部门、中医药管理部门应当撤销《医疗广告审查证明》，并在一年内不受理该医疗机构的广告审查申请。

省级卫生行政部门、中医药管理部门撤销《医疗广告审查证明》后，应当自作出行政处理决定之日起5个工作日内通知同级工商行政管理机关，工商行政管理机关应当依法予以查处。

第二十二条 工商行政管理机关对违反本办法规定的广告主、广告经营者、广告发布者依据《广告法》、《反不正当竞争法》予以处罚，对情节严重，造成严重后果的，可以并处一至六个月暂停发布医疗广告、直至取消广告经营者、广告发布者的医疗广告经营和发布资格的处罚。法律法规没有规定的，工商行政管理机关应当对负有责任的广告主、广告经营者、广告发布者给予警告或者处以一万元以上三万元以下的罚款；医疗广告内容涉嫌虚假的，工商行政管理机关可根据需要会同卫生行政部门、中医药管理部门作出认定。

第二十三条 本办法自2007年1月1日起施行。

药品广告审查办法

国家食品药品监督管理局
国家工商行政管理总局令
第 27 号

《药品广告审查办法》经过国家食品药品监督管理局、中华人民共和国国家工商行政管理总局审议通过，现以国家食品药品监督管理局局令顺序号发布。本办法自 2007 年 5 月 1 日起施行。

国家食品药品监督管理局
国家工商行政管理总局
二〇〇七年三月十三日

第一条 为加强药品广告管理，保证药品广告的真实性和合法性，根据《中华人民共和国广告法》（以下简称《广告法》）、《中华人民共和国药品管理法》（以下简称《药品管理法》）和《中华人民共和国药品管理法实施条例》（以下简称《药品管理法实施条例》）及国家有关广告、药品监督管理的规定，制定本办法。

第二条 凡利用各种媒介或者形式发布的广告含有药品名称、药品适应症（功能主治）或者与药品有关的其他内容的，为药品广告，应当按照本办法进行审查。

非处方药仅宣传药品名称（含药品通用名称和药品商品名称）的，或者处方药在指定的医学药学专业刊物上仅宣传药品名称（含药品通用名称和药品商品名称）的，无需审查。

第三条　申请审查的药品广告，符合下列法律法规及有关规定的，方可予以通过审查：

（一）《广告法》；

（二）《药品管理法》；

（三）《药品管理法实施条例》；

（四）《药品广告审查发布标准》；

（五）国家有关广告管理的其他规定。

第四条　省、自治区、直辖市药品监督管理部门是药品广告审查机关，负责本行政区域内药品广告的审查工作。县级以上工商行政管理部门是药品广告的监督管理机关。

第五条　国家食品药品监督管理局对药品广告审查机关的药品广告审查工作进行指导和监督，对药品广告审查机关违反本办法的行为，依法予以处理。

第六条　药品广告批准文号的申请人必须是具有合法资格的药品生产企业或者药品经营企业。药品经营企业作为申请人的，必须征得药品生产企业的同意。

申请人可以委托代办人代办药品广告批准文号的申办事宜。

第七条　申请药品广告批准文号，应当向药品生产企业所在地的药品广告审查机关提出。

申请进口药品广告批准文号，应当向进口药品代理机构所在地的药品广告审查机关提出。

第八条　申请药品广告批准文号，应当提交《药品广告审查表》，并附与发布内容相一致的样稿（样片、样带）和药品广告申请的电子文件，同时提交以下真实、合法、有效的证明文件：

（一）申请人的《营业执照》复印件；

（二）申请人的《药品生产许可证》或者《药品经营许可证》复印件；

（三）申请人是药品经营企业的，应当提交药品生产企业同意其作为申请人的证明文件原件；

（四）代办人代为申办药品广告批准文号的，应当提交申请人的委托书原件和代办人的营业执照复印件等主体资格证明文件；

（五）药品批准证明文件（含《进口药品注册证》、《医药产品注册证》）复印件、批准的说明书复印件和实际使用的标签及说明书；

（六）非处方药品广告需提交非处方药品审核登记证书复印件或相关证明文件的复印件；

（七）申请进口药品广告批准文号的，应当提供进口药品代理机构的相关资格证明文件的复印件；

（八）广告中涉及药品商品名称、注册商标、专利等内容的，应当提交相关有效证明文件的复印件以及其他确认广告内容真实性的证明文件。

提供本条规定的证明文件的复印件，需加盖证件持有单位的印章。

第九条 有下列情形之一的，药品广告审查机关不予受理该企业该品种药品广告的申请：

（一）属于本办法第二十条、第二十二条、第二十三条规定的不受理情形的；

（二）撤销药品广告批准文号行政程序正在执行中的。

第十条 药品广告审查机关收到药品广告批准文号申请后，对申请材料齐全并符合法定要求的，发给《药品广告受理通知书》；申请材料不齐全或者不符合法定要求的，应当当场或者在

5个工作日内一次告知申请人需要补正的全部内容；逾期不告知的，自收到申请材料之日起即为受理。

第十一条 药品广告审查机关应当自受理之日起10个工作日内，对申请人提交的证明文件的真实性、合法性、有效性进行审查，并依法对广告内容进行审查。对审查合格的药品广告，发给药品广告批准文号；对审查不合格的药品广告，应当作出不予核发药品广告批准文号的决定，书面通知申请人并说明理由，同时告知申请人享有依法申请行政复议或者提起行政诉讼的权利。

对批准的药品广告，药品广告审查机关应当报国家食品药品监督管理局备案，并将批准的《药品广告审查表》送同级广告监督管理机关备案。国家食品药品监督管理局对备案中存在问题的药品广告，应当责成药品广告审查机关予以纠正。

对批准的药品广告，药品监督管理部门应当及时向社会予以公布。

第十二条 在药品生产企业所在地和进口药品代理机构所在地以外的省、自治区、直辖市发布药品广告的（以下简称异地发布药品广告），在发布前应当到发布地药品广告审查机关办理备案。

第十三条 异地发布药品广告备案应当提交如下材料：

（一）《药品广告审查表》复印件；

（二）批准的药品说明书复印件；

（三）电视广告和广播广告需提交与通过审查的内容相一致的录音带、光盘或者其他介质载体。

提供本条规定的材料的复印件，需加盖证件持有单位印章。

第十四条 对按照本办法第十二条、第十三条规定提出的异地发布药品广告备案申请，药品广告审查机关在受理备案申请后 5 个工作日内应当给予备案，在《药品广告审查表》上签注 "已备案"，加盖药品广告审查专用章，并送同级广告监督管理机关备查。

备案地药品广告审查机关认为药品广告不符合有关规定的，应当填写《药品广告备案意见书》，交原审批的药品广告审查机关进行复核，并抄报国家食品药品监督管理局。

原审批的药品广告审查机关应当在收到《药品广告备案意见书》后的 5 个工作日内，将意见告知备案地药品广告审查机关。原审批的药品广告审查机关与备案地药品广告审查机关意见无法达成一致的，可提请国家食品药品监督管理局裁定。

第十五条 药品广告批准文号有效期为 1 年，到期作废。

第十六条 经批准的药品广告，在发布时不得更改广告内容。药品广告内容需要改动的，应当重新申请药品广告批准文号。

第十七条 广告申请人自行发布药品广告的，应当将《药品广告审查表》原件保存 2 年备查。

广告发布者、广告经营者受广告申请人委托代理、发布药品广告的，应当查验《药品广告审查表》原件，按照审查批准的内容发布，并将该《药品广告审查表》复印件保存 2 年备查。

第十八条 已经批准的药品广告有下列情形之一的，原审批的药品广告审查机关应当向申请人发出《药品广告复审通知书》，进行复审。复审期间，该药品广告可以继续发布。

（一）国家食品药品监督管理局认为药品广告审查机关批准的药品广告内容不符合规定的；

（二）省级以上广告监督管理机关提出复审建议的；

（三）药品广告审查机关认为应当复审的其他情形。

经复审，认为与法定条件不符的，收回《药品广告审查表》，原药品广告批准文号作废。

第十九条 有下列情形之一的，药品广告审查机关应当注销药品广告批准文号：

（一）《药品生产许可证》、《药品经营许可证》被吊销的；

（二）药品批准证明文件被撤销、注销的；

（三）国家食品药品监督管理局或者省、自治区、直辖市药品监督管理部门责令停止生产、销售和使用的药品。

第二十条 篡改经批准的药品广告内容进行虚假宣传的，由药品监督管理部门责令立即停止该药品广告的发布，撤销该品种药品广告批准文号，1 年内不受理该品种的广告审批申请。

第二十一条 对任意扩大产品适应症（功能主治）范围、绝对化夸大药品疗效、严重欺骗和误导消费者的违法广告，省以上药品监督管理部门一经发现，应当采取行政强制措施，暂停该药品在辖区内的销售，同时责令违法发布药品广告的企业在当地相应的媒体发布更正启事。违法发布药品广告的企业按要求发布更正启事后，省以上药品监督管理部门应当在 15 个工作日内做出解除行政强制措施的决定；需要进行药品检验的，药品监督管理部门应当自检验报告书发出之日起 15 日内，做出是否解除行政强制措施的决定。

第二十二条 对提供虚假材料申请药品广告审批，被药品广告审查机关在受理审查中发现的，1 年内不受理该企业该品种的广告审批申请。

第二十三条 对提供虚假材料申请药品广告审批，取得药品广告批准文号的，药品广告审查机关在发现后应当撤销该药品广告批准文号，并 3 年内不受理该企业该品种的广告审批申请。

第二十四条 按照本办法第十八条、第十九条、第二十条和第二十三条被收回、注销或者撤销药品广告批准文号的药品广告，必须立即停止发布；异地药品广告审查机关停止受理该企业该药品广告批准文号的广告备案。

药品广告审查机关按照本办法第十八条、第十九条、第二十条和第二十三条收回、注销或者撤销药品广告批准文号的，应当自做出行政处理决定之日起5个工作日内通知同级广告监督管理机关，由广告监督管理机关依法予以处理。

第二十五条　异地发布药品广告未向发布地药品广告审查机关备案的，发布地药品广告审查机关发现后，应当责令限期办理备案手续，逾期不改正的，停止该药品品种在发布地的广告发布活动。

第二十六条　县级以上药品监督管理部门应当对审查批准的药品广告发布情况进行监测检查。对违法发布的药品广告，各级药品监督管理部门应当填写《违法药品广告移送通知书》，连同违法药品广告样件等材料，移送同级广告监督管理机关查处；属于异地发布篡改经批准的药品广告内容的，发布地药品广告审查机关还应当向原审批的药品广告审查机关提出依照《药品管理法》第九十二条、本办法第二十条撤销药品广告批准文号的建议。

第二十七条　对发布违法药品广告，情节严重的，省、自治区、直辖市药品监督管理部门予以公告，并及时上报国家食品药品监督管理局，国家食品药品监督管理局定期汇总发布。

对发布虚假违法药品广告情节严重的，必要时，由国家工商行政管理总局会同国家食品药品监督管理局联合予以公告。

第二十八条　对未经审查批准发布的药品广告，或者发布的药品广告与审查批准的内容不一致的，广告监督管理机关应当依据《广告法》第四十三条规定予以处罚；构成虚假广告或者引人误解的虚假宣传的，广告监督管理机关依据《广告法》第三十七条、《反不正当竞争法》第二十四条规定予以处罚。

广告监督管理机关在查处违法药品广告案件中，涉及到药品专业技术内容需要认定的，应当将需要认定的内容通知省级以上药品监督管理部门，省级以上药品监督管理部门应在收到通知书后的 10 个工作日内将认定结果反馈广告监督管理机关。

第二十九条　药品广告审查工作人员和药品广告监督工作人员应当接受《广告法》、《药品管理法》等有关法律法规的培训。药品广告审查机关和药品广告监督管理机关的工作人员玩忽职守、滥用职权、徇私舞弊的，给予行政处分。构成犯罪的，依法追究刑事责任。

第三十条　药品广告批准文号为"X 药广审（视）第 0000000000 号"、"X 药广审（声）第 0000000000 号"、"X 药广审（文）第 0000000000 号"。其中"X"为各省、自治区、直辖市的简称。"0"为由 10 位数字组成，前 6 位代表审查年月，后 4 位代表广告批准序号。"视"、"声"、"文"代表用于广告媒介形式的分类代号。

第三十一条　本办法自 2007 年 5 月 1 日起实施。1995 年 3 月 22 日国家工商行政管理局、卫生部发布的《药品广告审查办法》（国家工商行政管理局令第 25 号）同时废止。

医疗器械广告审查办法

中华人民共和国卫生部
国家工商行政管理总局
国家食品药品监督管理局令
第 65 号

《医疗器械广告审查办法》已经卫生部部务会、国家工商行政管理总局局务会审议通过，现予发布，自 2009 年 5 月 20 日起施行。

卫生部部长
国家工商行政管理总局局长
国家食品药品监督管理局局长
二〇〇九年四月七日

第一条 为加强医疗器械广告管理，保证医疗器械广告的真实性和合法性，根据《中华人民共和国广告法》（以下简称《广告法》）、《中华人民共和国反不正当竞争法》、《医疗器械监督管理条例》以及国家有关广告、医疗器械监督管理的规定，制定本办法。

第二条 通过一定媒介和形式发布的广告含有医疗器械名称、产品适用范围、性能结构及组成、作用机理等内容的，应当按照本办法进行审查。

仅宣传医疗器械产品名称的广告无需审查，但在宣传时应当标注医疗器械注册证号。

第三条 申请审查的医疗器械广告,符合下列法律法规及有关规定的,方可予以通过审查:

(一)《广告法》;

(二)《医疗器械监督管理条例》;

(三)《医疗器械广告审查发布标准》;

(四)国家有关广告管理的其他规定。

第四条 省、自治区、直辖市药品监督管理部门是医疗器械广告审查机关,负责本行政区域内医疗器械广告审查工作。

县级以上工商行政管理部门是医疗器械广告监督管理机关。

第五条 国家食品药品监督管理局对医疗器械广告审查机关的医疗器械广告审查工作进行指导和监督,对医疗器械广告审查机关违反本办法的行为,依法予以处理。

第六条 医疗器械广告批准文号的申请人必须是具有合法资格的医疗器械生产企业或者医疗器械经营企业。医疗器械经营企业作为申请人的,必须征得医疗器械生产企业的同意。

申请人可以委托代办人代办医疗器械广告批准文号的申办事宜。代办人应当熟悉国家有关广告管理的相关法律、法规及规定。

第七条 申请医疗器械广告批准文号,应当向医疗器械生产企业所在地的医疗器械广告审查机关提出。

申请进口医疗器械广告批准文号,应当向《医疗器械注册登记表》中列明的代理人所在地的医疗器械广告审查机关提出;如果该产品的境外医疗器械生产企业在境内设有组织机构的,则向该组织机构所在地的医疗器械广告审查机关提出。

第八条 申请医疗器械广告批准文号,应当填写《医疗器械广告审查表》,并附与发布内容相一致的样稿(样片、样带)和医疗器械广告电子文件,同时提交以下真实、合法、有效的证明文件:

（一）申请人的《营业执照》复印件；

（二）申请人的《医疗器械生产企业许可证》或者《医疗器械经营企业许可证》复印件；

（三）申请人是医疗器械经营企业的，应当提交医疗器械生产企业同意其作为申请人的证明文件原件；

（四）代办人代为申办医疗器械广告批准文号的，应当提交申请人的委托书原件和代办人营业执照复印件等主体资格证明文件；

（五）医疗器械产品注册证书（含《医疗器械注册证》、《医疗器械注册登记表》等）的复印件；

（六）申请进口医疗器械广告批准文号的，应当提供《医疗器械注册登记表》中列明的代理人或者境外医疗器械生产企业在境内设立的组织机构的主体资格证明文件复印件；

（七）广告中涉及医疗器械注册商标、专利、认证等内容的，应当提交相关有效证明文件的复印件及其他确认广告内容真实性的证明文件。

提供本条规定的证明文件的复印件，需证件持有人签章确认。

第九条　有下列情形之一的，医疗器械广告审查机关不予受理该企业该品种医疗器械广告的申请：

（一）属于本办法第十七条、第十九条、第二十条规定的不受理情形的；

（二）撤销医疗器械广告批准文号行政程序正在执行中的。

第十条　医疗器械广告审查机关收到医疗器械广告批准文号申请后，对申请材料齐全并符合法定要求的，发给《医疗器械广告受理通知书》；申请材料不齐全或者不符合法定要求的，应当当场或者在5个工作日内一次告知申请人需要补正的全部内容；逾期不告知的，自收到申请材料之日起即为受理。

第十一条　医疗器械广告审查机关应当自受理之日起20个

工作日内，依法对广告内容进行审查。对审查合格的医疗器械广告，发给医疗器械广告批准文号；对审查不合格的医疗器械广告，应当作出不予核发医疗器械广告批准文号的决定，书面通知申请人并说明理由，同时告知申请人享有依法申请行政复议或者提起行政诉讼的权利。

对批准的医疗器械广告，医疗器械广告审查机关应当报国家食品药品监督管理局备案。国家食品药品监督管理局对备案中存在问题的医疗器械广告，应当责成医疗器械广告审查机关予以纠正。

对批准的医疗器械广告，药品监督管理部门应当通过政府网站向社会予以公布。

第十二条　医疗器械广告批准文号有效期为 1 年。

第十三条　经批准的医疗器械广告，在发布时不得更改广告内容。医疗器械广告内容需要改动的，应当重新申请医疗器械广告批准文号。

第十四条　医疗器械广告申请人自行发布医疗器械广告的，应当将《医疗器械广告审查表》原件保存 2 年备查。

广告发布者、广告经营者受广告申请人委托代理、发布医疗器械广告的，应当查验《医疗器械广告审查表》原件，按照审查批准的内容发布，并将该《医疗器械广告审查表》复印件保存 2 年备查。

第十五条　已经批准的医疗器械广告，有下列情形之一的，原审批的医疗器械广告审查机关进行复审。复审期间，该医疗器械广告可以继续发布：

（一）国家食品药品监督管理局认为医疗器械广告审查机关批准的医疗器械广告内容不符合规定的；

（二）省级以上广告监督管理机关提出复审建议的；

(三) 医疗器械广告审查机关认为应当复审的其他情形。

经复审，认为医疗器械广告不符合法定条件的，医疗器械广告审查机关应当予以纠正，收回《医疗器械广告审查表》，该医疗器械广告批准文号作废。

第十六条 有下列情形之一的，医疗器械广告审查机关应当注销医疗器械广告批准文号：

(一) 医疗器械广告申请人的《医疗器械生产企业许可证》、《医疗器械经营企业许可证》被吊销的；

(二) 医疗器械产品注册证书被撤销、吊销、注销的；

(三) 药品监督管理部门责令终止生产、销售和使用的医疗器械；

(四) 其他法律、法规规定的应当注销行政许可的情况。

第十七条 篡改经批准的医疗器械广告内容进行虚假宣传的，由药品监督管理部门责令立即停止该医疗器械广告的发布，撤销该企业该品种的医疗器械广告批准文号，1 年内不受理该企业该品种的广告审批申请。

第十八条 向个人推荐使用的医疗器械广告中含有任意扩大医疗器械适用范围、绝对化夸大医疗器械疗效等严重欺骗和误导消费者内容的，省级以上药品监督管理部门一经发现，应当采取行政强制措施，在违法发布广告的企业消除不良影响前，暂停该医疗器械产品在辖区内的销售。

违法发布广告的企业如果申请解除行政强制措施，必须在相应的媒体上发布更正启示，且连续刊播不得少于 3 天；同时向做出行政强制措施决定的药品监督管理部门提供如下材料：

(一) 发布《更正启示》的媒体原件或光盘；

(二) 违法发布医疗器械广告企业的整改报告；

(三) 解除行政强制措施的申请。

做出行政强制措施决定的药品监督管理部门在收到违法发布医疗器械广告企业提交的材料后，在15个工作日内做出是否解除行政强制措施的决定。

第十九条 对提供虚假材料申请医疗器械广告审批，被医疗器械广告审查机关发现的，1年内不受理该企业该品种的广告审批申请。

第二十条 对提供虚假材料申请医疗器械广告审批，取得医疗器械广告批准文号的，医疗器械广告审查机关在发现后应当撤销该医疗器械广告批准文号，并在3年内不受理该企业该品种的广告审批申请。

第二十一条 按照本办法第十五条、第十六条、第十七条、第二十条收回、注销或者撤销医疗器械广告批准文号的医疗器械广告，必须立即停止发布。

医疗器械广告审查机关按照本办法第十五条、第十六条、第十七条、第二十条收回、注销或者撤销医疗器械广告批准文号的，应当及时报国家食品药品监督管理局，同时在做出行政处理决定之日起5个工作日内通知同级广告监督管理机关。该广告继续发布的，由广告监督管理机关依法予以处理。

第二十二条 药品监督管理部门应当对审查批准的医疗器械广告发布情况进行监测检查。对违法发布的医疗器械广告，药品监督管理部门填写《违法医疗器械广告移送通知书》，连同违法医疗器械广告等样件，移送同级广告监督管理机关查处。

属于异地发布篡改经批准的医疗器械广告内容的，发布地医疗器械广告审查机关还应当向原审批的医疗器械广告审查机关提出依照本办法第十七条撤销医疗器械广告批准文号的建议。

第二十三条 对违法发布的医疗器械广告情节严重的，省、自治区、直辖市药品监督管理部门应当定期予以公告，并及时上报国家食品药品监督管理局，由国家食品药品监督管理局汇总发布。

对发布虚假医疗器械广告情节严重的，必要时，由国家工商行政管理总局会同国家食品药品监督管理局联合予以公告。

第二十四条 未经审查批准发布的医疗器械广告以及发布的医疗器械广告与审查批准的内容不一致的，广告监督管理机关应当依据《广告法》第四十三条规定予以处罚；构成虚假广告或者引人误解的虚假宣传的，广告监督管理机关应当依照《广告法》或者《中华人民共和国反不正当竞争法》有关规定予以处罚。

第二十五条 广告监督管理机关查处违法医疗器械广告案件，涉及到医疗器械专业技术内容需要认定的，应当将需要认定的内容通知省级以上药品监督管理部门，省级以上药品监督管理部门应当在收到通知书后的 10 个工作日内将认定的结果反馈广告监督管理机关。

第二十六条 医疗器械广告审查工作人员和广告监督管理工作人员应当接受《广告法》、《医疗器械监督管理条例》等有关法律法规的培训。医疗器械广告审查机关和广告监督管理机关的工作人员玩忽职守、滥用职权、徇私舞弊的，应当按照有关规定给予行政处分；构成犯罪的，依法追究刑事责任。

第二十七条 医疗器械广告批准文号为"X 医械广审（视）第 0000000000 号"、"X 医械广审（声）第 0000000000 号"、"X 医械广审（文）第 0000000000 号"。其中"X"为各省、自治区、直辖市的简称；"0"由 10 位数字组成，前 6 位代表审查的年月，后 4 位代表广告批准的序号。"视""声""文"代表用于广告媒介形式的分类代号。

第二十八条 本办法自 2009 年 5 月 20 日起施行。1995 年 3 月 8 日发布的《医疗器械广告审查办法》（国家工商行政管理局、国家医药管理局令第 24 号）同时废止。

公益广告促进和管理暂行办法

国家工商行政管理总局　国家互联网信息办公室
工业和信息化部　住房城乡建设部
交通运输部　国家新闻出版广电总局令
第 84 号

《公益广告促进和管理暂行办法》已经国家工商行政管理总局局务会议审议通过，并经国家互联网信息办公室、工业和信息化部、住房城乡建设部、交通运输部、国家新闻出版广电总局同意，现予公布，自2016 年 3 月 1 日起施行。

国家工商行政管理总局局长
国家互联网信息办公室主任
工业和信息化部部长
住房城乡建设部部长
交通运输部部长
国家新闻出版广电总局局长
2016 年 1 月 15 日

第一条　为促进公益广告事业发展，规范公益广告管理，发挥公益广告在社会主义经济建设、政治建设、文化建设、社会建设、生态文明建设中的积极作用，根据《中华人民共和国广告法》和有关规定，制定本办法。

第二条　本办法所称公益广告，是指传播社会主义核心价值观，倡导良好道德风尚，促进公民文明素质和社会文明程度提高，维护国家和社会公共利益的非营利性广告。

政务信息、服务信息等各类公共信息以及专题宣传片等不属于本办法所称的公益广告。

第三条　国家鼓励、支持开展公益广告活动，鼓励、支持、引导单位和个人以提供资金、技术、劳动力、智力成果、媒介资源等方式参与公益广告宣传。

各类广告发布媒介均有义务刊播公益广告。

第四条　公益广告活动在中央和各级精神文明建设指导委员会指导协调下开展。

工商行政管理部门履行广告监管和指导广告业发展职责，负责公益广告工作的规划和有关管理工作。

新闻出版广电部门负责新闻出版和广播电视媒体公益广告制作、刊播活动的指导和管理。

通信主管部门负责电信业务经营者公益广告制作、刊播活动的指导和管理。

网信部门负责互联网企业公益广告制作、刊播活动的指导和管理。

铁路、公路、水路、民航等交通运输管理部门负责公共交通运载工具及相关场站公益广告刊播活动的指导和管理。

住房城乡建设部门负责城市户外广告设施设置、建筑工地围挡、风景名胜区公益广告刊播活动的指导和管理。

精神文明建设指导委员会其他成员单位应当积极做好公益广告有关工作，涉及本部门职责的，应当予以支持，并做好相关管理工作。

第五条　公益广告应当保证质量，内容符合下列规定：

（一）价值导向正确，符合国家法律法规和社会主义道德规范要求；

（二）体现国家和社会公共利益；

（三）语言文字使用规范；

（四）艺术表现形式得当，文化品位良好。

第六条 公益广告内容应当与商业广告内容相区别，商业广告中涉及社会责任内容的，不属于公益广告。

第七条 企业出资设计、制作、发布或者冠名的公益广告，可以标注企业名称和商标标识，但应当符合以下要求：

（一）不得标注商品或者服务的名称以及其他与宣传、推销商品或者服务有关的内容，包括单位地址、网址、电话号码、其他联系方式等；

（二）平面作品标注企业名称和商标标识的面积不得超过广告面积的 1/5；

（三）音频、视频作品显示企业名称和商标标识的时间不得超过 5 秒或者总时长的 1/5，使用标版形式标注企业名称和商标标识的时间不得超过 3 秒或者总时长的 1/5；

（四）公益广告画面中出现的企业名称或者商标标识不得使社会公众在视觉程度上降低对公益广告内容的感受和认知；

（五）不得以公益广告名义变相设计、制作、发布商业广告。

违反前款规定的，视为商业广告。

第八条 公益广告稿源包括公益广告通稿、公益广告作品库稿件以及自行设计制作稿件。

各类广告发布媒介均有义务刊播精神文明建设指导委员会审定的公益广告通稿作品。

公益广告主管部门建立公益广告作品库，稿件供社会无偿选择使用。

单位和个人自行设计制作发布公益广告，公益广告主管部门应当无偿提供指导服务。

第九条 广播电台、电视台按照新闻出版广电部门规定的条（次），在每套节目每日播出公益广告。其中，广播电台在6：00至8：00之间、11：00至13：00之间，电视台在19：00至21：00之间，播出数量不得少于主管部门规定的条（次）。

中央主要报纸平均每日出版16版（含）以上的，平均每月刊登公益广告总量不少于8个整版；平均每日出版少于16版多于8版的，平均每月刊登公益广告总量不少于6个整版；平均每日出版8版（含）以下的，平均每月刊登公益广告总量不少于4个整版。省（自治区、直辖市）和省会、副省级城市党报平均每日出版12版（含）以上的，平均每月刊登公益广告总量不少于6个整版；平均每日出版12版（不含）以下的，平均每月刊登公益广告总量不少于4个整版。其他各级党报、晚报、都市报和行业报，平均每月刊登公益广告总量不少于2个整版。

中央主要时政类期刊以及各省（自治区、直辖市）和省会、副省级城市时政类期刊平均每期至少刊登公益广告1个页面；其他大众生活、文摘类期刊，平均每两期至少刊登公益广告1个页面。

政府网站、新闻网站、经营性网站等应当每天在网站、客户端以及核心产品的显著位置宣传展示公益广告。其中，刊播时间应当在6：00至24：00之间，数量不少于主管部门规定的条（次）。鼓励网站结合自身特点原创公益广告，充分运用新技术新手段进行文字、图片、视频、游戏、动漫等多样化展示，论坛、博客、微博客、即时通讯工具等多渠道传播，网页、平板电脑、手机等多终端覆盖，长期宣传展示公益广告。

电信业务经营者要运用手机媒体及相关经营业务经常性刊播公益广告。

第十条 有关部门和单位应当运用各类社会媒介刊播公益广告。

机场、车站、码头、影剧院、商场、宾馆、商业街区、城市社区、广场、公园、风景名胜区等公共场所的广告设施或者其他适当位置,公交车、地铁、长途客车、火车、飞机等公共交通工具的广告刊播介质或者其他适当位置,适当地段的建筑工地围挡、景观灯杆等构筑物,均有义务刊播公益广告通稿作品或者经主管部门审定的其他公益广告。此类场所公益广告的设置发布应当整齐、安全,与环境相协调,美化周边环境。

工商行政管理、住房城乡建设等部门鼓励、支持有关单位和个人在商品包装或者装潢、企业名称、商标标识、建筑设计、家具设计、服装设计等日常生活事物中,合理融入社会主流价值,传播中华文化,弘扬中国精神。

第十一条 国家支持和鼓励在生产、生活领域增加公益广告设施和发布渠道,扩大社会影响。

住房城乡建设部门编制户外广告设施设置规划,应当规划一定比例公益广告空间设施。发布广告设施招标计划时,应当将发布一定数量公益广告作为前提条件。

第十二条 公益广告主管部门应当制定并公布年度公益广告活动规划。

公益广告发布者应当于每季度第一个月5日前,将上一季度发布公益广告的情况报当地工商行政管理部门备案。广播、电视、报纸、期刊以及电信业务经营者、互联网企业等还应当将发布公益广告的情况分别报当地新闻出版广电、通信主管部门、网信部门备案。

工商行政管理部门对广告媒介单位发布公益广告情况进行监测和检查,定期公布公益广告发布情况。

第十三条　发布公益广告情况纳入文明城市、文明单位、文明网站创建工作测评。

广告行业组织应当将会员单位发布公益广告情况纳入行业自律考评。

第十四条　公益广告设计制作者依法享有公益广告著作权,任何单位和个人应依法使用公益广告作品,未经著作权人同意,不得擅自使用或者更改使用。

第十五条　公益广告活动违反本办法规定,有关法律、法规、规章有规定的,由有关部门依法予以处罚;有关法律、法规、规章没有规定的,由有关部门予以批评、劝诫,责令改正。

第十六条　本办法自2016年3月1日起施行。

房地产广告发布规定

国家工商行政管理总局令
第 80 号

　　《房地产广告发布规定》已经中华人民共和国国家
工商行政管理总局局务会审议通过，现予公布，自
2016 年 2 月 1 日起施行。

局长　张茅
2015 年 12 月 24 日

　　第一条　发布房地产广告，应当遵守《中华人民共和国广
告法》（以下简称《广告法》）、《中华人民共和国城市房地产
管理法》、《中华人民共和国土地管理法》及国家有关规定。

　　第二条　本规定所称房地产广告，指房地产开发企业、
房地产权利人、房地产中介服务机构发布的房地产项目预
售、预租、出售、出租、项目转让以及其他房地产项目介绍
的广告。

　　居民私人及非经营性售房、租房、换房广告，不适用本
规定。

　　第三条　房地产广告必须真实、合法、科学、准确，不得
欺骗、误导消费者。

　　第四条　房地产广告，房源信息应当真实，面积应当表明
为建筑面积或者套内建筑面积，并不得含有下列内容：

　　（一）升值或者投资回报的承诺；

（二）以项目到达某一具体参照物的所需时间表示项目位置；

（三）违反国家有关价格管理的规定；

（四）对规划或者建设中的交通、商业、文化教育设施以及其他市政条件作误导宣传。

第五条 凡下列情况的房地产，不得发布广告：

（一）在未经依法取得国有土地使用权的土地上开发建设的；

（二）在未经国家征用的集体所有的土地上建设的；

（三）司法机关和行政机关依法裁定、决定查封或者以其他形式限制房地产权利的；

（四）预售房地产，但未取得该项目预售许可证的；

（五）权属有争议的；

（六）违反国家有关规定建设的；

（七）不符合工程质量标准，经验收不合格的；

（八）法律、行政法规规定禁止的其他情形。

第六条 发布房地产广告，应当具有或者提供下列相应真实、合法、有效的证明文件：

（一）房地产开发企业、房地产权利人、房地产中介服务机构的营业执照或者其他主体资格证明；

（二）建设主管部门颁发的房地产开发企业资质证书；

（三）土地主管部门颁发的项目土地使用权证明；

（四）工程竣工验收合格证明；

（五）发布房地产项目预售、出售广告，应当具有地方政府建设主管部门颁发的预售、销售许可证证明；出租、项目转让广告，应当具有相应的产权证明；

（六）中介机构发布所代理的房地产项目广告，应当提供业主委托证明；

（七）确认广告内容真实性的其他证明文件。

第七条 房地产预售、销售广告，必须载明以下事项：

（一）开发企业名称；

（二）中介服务机构代理销售的，载明该机构名称；

（三）预售或者销售许可证书号。

广告中仅介绍房地产项目名称的，可以不必载明上述事项。

第八条 房地产广告不得含有风水、占卜等封建迷信内容，对项目情况进行的说明、渲染，不得有悖社会良好风尚。

第九条 房地产广告中涉及所有权或者使用权的，所有或者使用的基本单位应当是有实际意义的完整的生产、生活空间。

第十条 房地产广告中对价格有表示的，应当清楚表示为实际的销售价格，明示价格的有效期限。

第十一条 房地产广告中的项目位置示意图，应当准确、清楚，比例恰当。

第十二条 房地产广告中涉及的交通、商业、文化教育设施及其他市政条件等，如在规划或者建设中，应当在广告中注明。

第十三条 房地产广告涉及内部结构、装修装饰的，应当真实、准确。

第十四条 房地产广告中不得利用其他项目的形象、环境作为本项目的效果。

第十五条 房地产广告中使用建筑设计效果图或者模型照片的，应当在广告中注明。

第十六条 房地产广告中不得出现融资或者变相融资的内容。

第十七条　房地产广告中涉及贷款服务的，应当载明提供贷款的银行名称及贷款额度、年期。

第十八条　房地产广告中不得含有广告主能够为入住者办理户口、就业、升学等事项的承诺。

第十九条　房地产广告中涉及物业管理内容的，应当符合国家有关规定；涉及尚未实现的物业管理内容，应当在广告中注明。

第二十条　房地产广告中涉及房地产价格评估的，应当表明评估单位、估价师和评估时间；使用其他数据、统计资料、文摘、引用语的，应当真实、准确，表明出处。

第二十一条　违反本规定发布广告，《广告法》及其他法律法规有规定的，依照有关法律法规规定予以处罚。法律法规没有规定的，对负有责任的广告主、广告经营者、广告发布者，处以违法所得三倍以下但不超过三万元的罚款；没有违法所得的，处以一万元以下的罚款。

第二十二条　本规定自 2016 年 2 月 1 日起施行。1998 年 12 月 3 日国家工商行政管理局令第 86 号公布的《房地产广告发布暂行规定》同时废止。

农药广告审查发布标准

国家工商行政管理总局令

第 81 号

《农药广告审查发布标准》已经中华人民共和国国家工商行政管理总局局务会审议通过，现予公布，自2016 年 2 月 1 日起施行。

局长　张茅

2015 年 12 月 24 日

第一条　为了保证农药广告的真实、合法、科学，制定本标准。

第二条　发布农药广告，应当遵守《中华人民共和国广告法》（以下简称《广告法》）及国家有关农药管理的规定。

第三条　未经国家批准登记的农药不得发布广告。

第四条　农药广告内容应当与《农药登记证》和《农药登记公告》的内容相符，不得任意扩大范围。

第五条　农药广告不得含有下列内容：

（一）表示功效、安全性的断言或者保证；

（二）利用科研单位、学术机构、技术推广机构、行业协会或者专业人士、用户的名义或者形象作推荐、证明；

（三）说明有效率；

（四）违反安全使用规程的文字、语言或者画面；

（五）法律、行政法规规定禁止的其他内容。

第六条 农药广告不得贬低同类产品，不得与其他农药进行功效和安全性对比。

第七条 农药广告中不得含有评比、排序、推荐、指定、选用、获奖等综合性评价内容。

第八条 农药广告中不得使用直接或者暗示的方法，以及模棱两可、言过其实的用语，使人在产品的安全性、适用性或者政府批准等方面产生误解。

第九条 农药广告中不得滥用未经国家认可的研究成果或者不科学的词句、术语。

第十条 农药广告中不得含有"无效退款"、"保险公司保险"等承诺。

第十一条 农药广告的批准文号应当列为广告内容同时发布。

第十二条 违反本标准的农药广告，广告经营者不得设计、制作，广告发布者不得发布。

第十三条 违反本标准发布广告，《广告法》及其他法律法规有规定的，依照有关法律法规规定予以处罚。法律法规没有规定的，对负有责任的广告主、广告经营者、广告发布者，处以违法所得三倍以下但不超过三万元的罚款；没有违法所得的，处以一万元以下的罚款。

第十四条 本标准自 2016 年 2 月 1 日起施行。1995 年 3 月 28 日国家工商行政管理局第 28 号令公布的《农药广告审查标准》同时废止。

兽药广告审查发布标准

国家工商行政管理总局令
第82号

《兽药广告审查发布标准》已经中华人民共和国国家工商行政管理总局局务会审议通过，现予公布，自2016年2月1日起施行。

局长　张茅
2015年12月24日

第一条　为了保证兽药广告的真实、合法、科学，制定本标准。

第二条　发布兽药广告，应当遵守《中华人民共和国广告法》（以下简称《广告法》）及国家有关兽药管理的规定。

第三条　下列兽药不得发布广告：

（一）兽用麻醉药品、精神药品以及兽医医疗单位配制的兽药制剂；

（二）所含成分的种类、含量、名称与兽药国家标准不符的兽药；

（三）临床应用发现超出规定毒副作用的兽药；

（四）国务院农牧行政管理部门明令禁止使用的，未取得兽药产品批准文号或者未取得《进口兽药注册证书》的兽药。

第四条　兽药广告不得含有下列内容：

（一）表示功效、安全性的断言或者保证；

（二）利用科研单位、学术机构、技术推广机构、行业协会或者专业人士、用户的名义或者形象作推荐、证明；

（三）说明有效率；

（四）违反安全使用规程的文字、语言或者画面；

（五）法律、行政法规规定禁止的其他内容。

第五条 兽药广告不得贬低同类产品，不得与其他兽药进行功效和安全性对比。

第六条 兽药广告中不得含有"最高技术"、"最高科学"、"最进步制法"、"包治百病"等绝对化的表示。

第七条 兽药广告中不得含有评比、排序、推荐、指定、选用、获奖等综合性评价内容。

第八条 兽药广告不得含有直接显示疾病症状和病理的画面，也不得含有"无效退款"、"保险公司保险"等承诺。

第九条 兽药广告中兽药的使用范围不得超出国家兽药标准的规定。

第十条 兽药广告的批准文号应当列为广告内容同时发布。

第十一条 违反本标准的兽药广告，广告经营者不得设计、制作，广告发布者不得发布。

第十二条 违反本标准发布广告，《广告法》及其他法律法规有规定的，依照有关法律法规规定予以处罚。法律法规没有规定的，对负有责任的广告主、广告经营者、广告发布者，处以违法所得三倍以下但不超过三万元的罚款；没有违法所得的，处以一万元以下的罚款。

第十三条 本标准自2016年2月1日起施行。1995年3月28日国家工商行政管理局第26号令公布的《兽药广告审查标准》同时废止。